El silencio que truena:
La representación de la feminidad
en *La aventura* de Antonioni

María Arnau Gutiérrez

Bachelor's Thesis

[June 2024]

Universitat de València

Supervisor: Silvia Guillamón Carrasco

Faber & Sapiens

El silencio que truena:
La representación de la feminidad
en *La aventura* de Antonioni

María Arnau Gutiérrez

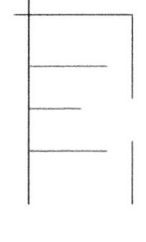

Ápeiron Ediciones

First Edition by Faber & Sapiens,
an imprint of Ápeiron Ediciones,
in 2024

© Faber & Sapiens
© Ápeiron Ediciones
C/ Príncipe de Vergara, n.º 132, planta 9
28002 Madrid
Tfno. (+34) 611 00 28 41
E-mail: info@faberandsapiens.com
http: www.faberandsapiens.com

Design and layout: Ápeiron Ediciones

ISBN: 978-84-129510-0-4
DL: M-24783-2024

A mis padres, Elia y Joaquín, por enseñarme desde pequeña que merece la pena quedarse observando los detalles, por dejarme en herencia vuestra sensibilidad.

CONTENTS

Resumen: Este trabajo estudia, por un lado, la representación de las dos protagonistas de *La aventura* de Antonioni, identificando los medios cinematográficos concretos a través de los cuales se construyen sus subjetividades y las implicaciones simbólicas que de ello se derivan. Por otro, cuestiona el mudo consenso de los teóricos a lo largo de las décadas sobre la supuesta incapacidad para comunicarse de los personajes femeninos del director. Estas dos vías de investigación se sustentan en el método de análisis fílmico propuesto por Aumont y Marie, la reflexión de Teresa de Lauretis en torno a la construcción del sujeto femenino mediante la experiencia corporeizada y las aportaciones de Laura Marks sobre las imágenes que apelan a la visualidad háptica, más allá de lo puramente óptico. Con el enfoque multidisciplinar propio de las teorías de campo, se analiza el filme secuencia por secuencia íntegramente y se cotejan los resultados obtenidos con la literatura anterior, concediéndole gran importancia al proceso interpretativo personal. Las conclusiones extraídas revelan que la cámara se mantiene siempre cercana al cuerpo femenino sin tratar de dominarlo; interesada, en cambio, en captar la experiencia de las mujeres de un modo complejo y sensorial, más allá de lo que es posible verbalizar. El acercamiento íntimo que se establece con Anna y, especialmente, con Claudia evidencia, además, que ambas luchan en vano por expresar sus temores y anhelos de múltiples formas. Es Sandro quien demuestra ser incapaz de comprender lo que ellas dicen, ni mucho menos lo que callan.

Palabras clave: *La aventura*. Michelangelo Antonioni. Incomunicación. Representación femenina. Experiencia corporeizada. Imagen háptica.

Abstract: This paper examines the representation of the two female protagonists in Antonioni's *The Adventure*, identifying the specific cinematic means through which their subjectivities are constructed and the symbolic implications that thereby emerge. It also questions the silent consensus of theorists over the decades about the supposed inability of the director's female characters to communicate. These two lines of research are grounded in the method of filmic analysis proposed by Aumont and Marie, Teresa de Lauretis' thoughts on the construction of the female subject through embodied experience, and Laura Marks' contributions on images that appeal to haptic visuality, beyond the purely optical. With the multidisciplinary approach inherent to field theories, the film is analyzed sequence by sequence in its entirety and the results obtained are compared with previous literature, giving great importance to the personal interpretative process. The conclusions drawn reveal that the camera always remains close to the female body without trying to dominate it; interested, instead, in capturing the women's experience in a complex and sensorial way, beyond what is possible to verbalize. The intimate closeness that is established with Anna and, especially, with Claudia also shows that both struggle in vain to express their fears and longings in multiple ways. It is Sandro who proves to be incapable of understanding what they say, let alone what they keep silent about.

Keywords: *The Adventure*. Michelangelo Antonioni. Miscommunication. Female representation. Embodied experience. Haptic image.

1. INTRODUCCIÓN

Ya desde la juventud, Michelangelo Antonioni demostraba una gran fascinación por la psicología femenina, tema recurrente en las conversaciones nocturnas que mantenía con sus amistades de Ferrara. "No me arrepiento de haber pasado así tantas horas", decía el propio cineasta, pues "gracias a eso puedo hablar de ello" (Antonioni en Tassone, 2005: 14). Si bien el interés por la feminidad ya era latente en alguno de los primeros títulos de su filmografía como *Las amigas* (*Le amiche*, Michelangelo Antonioni, 1955), adaptación de una novela de Cesare Pavese, la reconocidísima "trilogía de la incomunicación", inaugurada por *La aventura*, supondría una indagación exhaustiva por parte del autor en el mundo interior de los personajes femeninos.

Este es uno de los múltiples elementos comunes por los que *La aventura* (*L'avventura*, Antonioni, 1960), *La noche* (*La notte*, Antonioni, 1961) y *El eclipse* (*L'eclisse*, Antonioni, 1962) (cuyas realizaciones, como se puede apreciar, se sucedieron en tres años consecutivos) han sido contempladas por una cantidad ingente de estudios académicos como una sola unidad temática y estilística. Conforme argumenta Clara Orban[1] (2001: 12), la trilogía presenta una coherencia tanto en técnica cinematográfica como en contenido, idea ratificada también por el catedrático Domènec Font (2003: 30), quien la define como "un corpus unitario en el que se pueden aislar núcleos temáticos y formales". Siguiendo a Orban (2001: 12), los tres filmes representan "su concentración más obstinada en el punto de vista femenino". De hecho, según la

---

[1] Traducción del original en inglés al castellano realizada por la autora.

investigadora Marga Cottino-Jones[2] (1996: 240), la obra de Antonioni "siempre se ha considerado más sensible" a estas cuestiones que la de otros contemporáneos italianos de gran talento, entre los cuales la autora menciona a Visconti y Fellini.

Otro nexo relevante entre las tres obras es la presencia en ellas de la actriz Monica Vitti, que da vida a Claudia en *La aventura*, a Valentina en *La noche* y a Vittoria en *El eclipse*. En su análisis sobre el estrellato femenino en la industria del cine italiano, Marcia Landy[3] (2000: 297) define a la intérprete como la "figura representativa de la protagonista alienada de Antonioni". El cineasta conoció a Vitti cuando ella tenía veintitrés años y trabajaba en el teatro. A partir de ese momento, nació un fuerte vínculo sentimental y profesional con ella que se extendería durante ocho largos años. En las dos primeras películas de la trilogía, Vitti encarna la "tentación" difícilmente resistible para los protagonistas masculinos, ambos implicados sentimentalmente con otra mujer (en el caso de *La noche*, bajo matrimonio). En *El eclipse*, sin embargo, Vittoria es una joven traductora que rompe su insatisfactoria relación con Riccardo (Francisco Rabal) para después buscar infructuosamente el amor en un agente de bolsa, Piero (Alain Delon). Los personajes de Vitti han sido frecuentemente descritos por los estudiosos como alienados, solitarios, frágiles y dependientes de las figuras masculinas. El hecho de que Claudia, Valentina y Vittoria sean encarnadas por una misma actriz inevitablemente condiciona nuestra lectura de estas tres mujeres, pues nos predispone a encontrar similitudes y contrastes entre tres expresiones de feminidad interconectadas. Esta sería una futura posible vía de investigación interesante a raíz de la semilla plantada por este trabajo.

Así pues, la "incomunicación" parece haber sido el *leitmotiv* consensuado por la crítica y la academia para dar nombre al conflicto fundamental que distancia a mujeres y hombres en estas tres películas. Font (2003: 46) señala con agudeza la naturaleza "intransigente" de este

---

[2] Traducción del original en inglés al castellano realizada por la autora.
[3] Traducción del original en inglés al castellano realizada por la autora.

epítome que "raramente explicita sus razones". Así, el hecho de "estar privado o privar de comunicación al otro" (atendiendo a la definición de la RAE del término), sería el origen primero y detonante de la "enfermedad de los sentimientos" de los personajes, a la que hizo alusión con frecuencia el propio Antonioni. En su discurso en Cannes (Tassone, 2005: 115) a propósito de la presentación de *La aventura*, aclaraba: "Mi película no es una denuncia o una prédica, es un relato mediante imágenes, donde yo espero que sea posible captar el modo en que hoy yerran los sentimientos".

Huelga decir que *La aventura* no fue bien acogida por el público, que la abucheó entre carcajadas y silbidos al terminar la proyección en Cannes. Cuenta Font (2003: 30) que, en pleno estallido de la polémica, la película se definía como "una obra de lujo para 5.000 espectadores esnobs". Entre las posibles razones del rechazo popular hacia la cinta, Tassone (2005: 33) menciona las "sutilezas psicológicas" o sus frecuentes "momentos de lentitud" que han sido bautizados como "tiempos muertos". El cineasta defendía fervientemente la decisión de mostrar el momento posterior e inmediato a la escena principal, cuando esta "parece haberse cerrado", "porque sirve para aclarar todo lo que ha sucedido y lo que permanece en el interior del personaje" (Antonioni, 2002: 39). No obstante, el espectador común de aquel entonces (y aún más el de hoy) no digería de esa forma las pausas tan prolongadas en la trama, que interrumpían el flujo narrativo para introducir escenas estáticas, las cuales "privilegian situaciones contemplativas" aspirando el relato "hacia una dimensión interior" (Font, 2003: 66). Según Aumont y Marie (1990: 293), ciertos filmes que resisten a la "ideología de la inmediatez y de la empatía [...] en beneficio de concepciones más intelectuales" son susceptibles, por ello mismo, de "dar lugar a múltiples formas de rechazo". Por otro lado, la estructura narrativa del filme se alejaba terminantemente de aquella del melodrama convencional (Landy, 2000: 300) al dejar sin resolver la desaparición definitiva de una de las protagonistas (Anna, interpretada por Lea Massari). De haber seguido un esquema clásico, al descubrimiento de la ausencia de

Anna hubiera sucedido una investigación que alcanzaría el clímax con una respuesta clara sobre su paradero y los motivos de su marcha. Incluso en pleno rodaje, los productores reclamaban un final que proporcionase alguna evidencia sobre esta cuestión, pero Antonioni insistía en que "la desaparición de la chica no era lo importante, sino el agujero que creaba entre la indiferencia y el olvido" (Font, 2003: 135). Éste fue, sin duda, otro factor determinante en la recepción.

El cineasta era plenamente consciente de esta distancia respecto a la audiencia: "Me preguntáis […] si la masa de los espectadores comprende mis películas. A esta pregunta, contestaré que no" (Antonioni, 2002: 42). El autor Peter Brunette[4] (1998: 1), en su disección de los filmes del maestro italiano, apunta que el carácter "simbólico, metafísico e incluso francamente confuso" de su cine fue al mismo tiempo "su distinción y su condena". Cabe tener en cuenta que la obra antonioniana se posicionaba de forma muy diferente a la de otros grandes autores neorrealistas de la época. Su estilo cinematográfico suponía, volviendo a Landy (2000: 296), una "ruptura con los modos de narración convencionales" representados por Zavattini o De Sica, lo que condujo a algunos expertos a hablar de "neorrealismo psicológico" en el caso de Antonioni para precisar esta separación.

El director argumentaba que la estética neorrealista, focalizada en contar la experiencia de un hombre común "al que le han robado la bicicleta"–aquí hacía referencia a la brillante película de Vittorio De Sica, *Ladrones de bicicletas* (*Ladri di biciclette*, 1948)–, respondía a una necesidad del momento en plena posguerra: filmar la tragedia externa del individuo en un contexto histórico y social muy particular. En cambio, "hoy [años 60] una película semejante ya no me parece tan importante. Hoy en día […] es importante ver qué hay dentro del hombre al que le roban la bicicleta, […] qué ha quedado en su interior de sus experiencias pasadas" (Antonioni, 2002: 38). Pero el contraste que existe entre él y sus contemporáneos no se limita a esa consideración: Landy

---

[4] Traducción del original en inglés al castellano realizada por la autora.

(2000: 296) defiende que la ausencia del conflicto de clase, así como el análisis minucioso de la sexualidad en el marco de una "nueva cultura emergente", son atributos clave del universo antonioniano que lo distancian definitivamente del neorrealismo. Otra de sus particularidades distintivas, según Lorenzo Cuccu[5] (1973: 21), es la operación creativa que encarna la cámara al no limitarse a reproducir un material previo, sino contribuyendo en significado y en elaboración artística al mismo.

Curiosamente, a pesar de la incomprensión por parte de los espectadores, las tres cintas fueron un éxito contundente de crítica, lo cual es un indicio interesante de hasta qué punto exigen un proceso intelectual para ser apreciadas más allá de su evidente belleza fotográfica. *La aventura* fue galardonada con el Premio Especial del Jurado en Cannes (al igual que *El eclipse* dos años después) y el Premio Fipresci. Este mismo galardón consiguió también *La noche*, además del Oso de Oro en Berlín y el David de Donatello en Italia. Estas películas, citando a Font (2003: 30), "colocarán a Michelangelo Antonioni en el punto más alto del reconocimiento internacional". No obstante, la admiración de algunos eruditos de la época no estuvo reñida con la censura que sufrieron estos títulos en varios países: como relata Tassone (2005: 33), "en Alemania, la copia original de *La aventura* es acortada en cuarenta y tres minutos" y "en Italia, la Fiscalía de Milán secuestra la película por presunta ofensa al sentido común del pudor". Tomasulo y McKahan (2009: 3)[6] ofrecen una explicación más que plausible para la incomodidad que despertaban en las autoridades y en un gran sector del público: la "ducha fría" a la que somete Antonioni a sus espectadores al evidenciar sin paliativos "los determinantes sociopolíticos de los fracasos de la lujuria y el amor de nuestro tiempo".

Con el paso de los años, el grueso de ensayística acerca de la trilogía no ha dejado de aumentar, tomando perspectivas y metodologías de investigación cada vez más específicas y diversas, deudoras por supuesto

---

[5] Traducción del original en italiano al castellano realizada por la autora.
[6] Traducción del original en inglés al castellano realizada por la autora.

del contexto sociocultural en el que surgían. El análisis académico ha abarcado desde el espacio en el que se ambientan las cintas (arquitectura y paisaje), hasta su estructura narrativa, la banda sonora, la composición estética de cada plano o el simbolismo erótico y psicoanalítico que en ellas subyace. El hecho de que exista tal cantidad de aproximaciones teóricas no hace sino probar que se trata de auténticas obras artísticas, cuya complejidad se presta al debate y a la confrontación de ideas, y de las que es imposible (y no deseable) extraer una interpretación única y homogénea. Lejos de resultar un elemento disuasorio, esto solo nos ha reafirmado en la voluntad de aportar una perspectiva propia y personal, que negocia y conversa con aquello ya escrito y propone algunas matizaciones.

Este estudio se propone, específicamente, abordar la construcción del retrato femenino de Anna y Claudia en *La aventura*, a pesar de que haya sido una cuestión aparentemente ya discutida, con la finalidad de responder a dos demandas o motivaciones principales que, a nuestro juicio, resultan novedosas. Por otro lado, debido a las limitaciones de extensión de un trabajo de esta naturaleza y a la rigurosa atención que exigen las películas de Antonioni (pues cada plano es rico en matices compositivos e interpretativos), hemos preferido centrarnos en *La aventura* como primer impulso de una investigación que bien podría extenderse a los siguientes dos títulos de la trilogía. Consideramos que, si tratásemos de abarcar más, pasaríamos superficialmente por cada detalle y eso nos forzaría a redundar en observaciones que ya han sido formuladas con anterioridad en detrimento de la originalidad que un trabajo como éste, siquiera modestamente, debe aportar.

El primer incentivo de esta investigación, volviendo a Tomasulo y McKahan (2009: 1), es estudiar los "medios concretos por los que el director transmitió la psicología de sus personajes", un ámbito que "muy pocos divulgadores han examinado". Mediante el análisis de la construcción visual de los dos personajes femeninos principales y de su mundo interior, se pretende identificar las ideas y los estilemas que el autor pone a disposición de la representación de la mujer. En una entrevista con Seymour Chatman[7] (Antonioni en Chatman, 1997: 2), Antonioni admitía: "Mis películas vienen de mis emociones y dialogan con un cierto periodo de mi vida. Por supuesto, tras mis emociones hay experiencias, ideas, pensamientos, observaciones de la realidad, y convicciones políticas, sociales, filosóficas y morales." La intención del presente trabajo es identificar esas convicciones del cineasta sobre la experiencia femenina en el mundo moderno y los recursos cinematográficos a través de los cuales se materializan en la imagen, ya que, como afirma Brunette (1998: 10), Antonioni "dibuja el conflicto interno *exteriormente* en la pantalla, mediante gestos, expresiones y, lo que es más importante, medios abstractos como las líneas o el color". Esta misma idea es secundada, en otras palabras, por Seymour Chatman[8] (1985: 66): "la condición [humana] se muestra principalmente en imágenes, no se explicita en diálogos ni se evoca con música emotiva; siempre se representa, nunca se pronuncia". Esto implica que los signos, por su ambigüedad y polisemia, están siempre sujetos a la interpretación que hagamos de ellos, que puede no coincidir (o sí) con la de otros autores o la del artista mismo.

A lo largo de esta disertación, observaremos cómo la cámara sigue a Anna y Claudia con ávido interés y permanece con ellas en sus momentos de soledad, tras haber sido abandonadas por su compañero varón o mientras esperan su llegada. Si bien es cierto que los personajes actúan más en calidad de "elementos textuales" que como "representaciones ficticias de gente real" (Brunette, 1998: 10), los procesos de construcción de la empatía por parte del espectador solo pueden orientarse hacia las protagonistas femeninas, pues es su experiencia del mundo la que privilegia constantemente Antonioni, en la cual los hombres constituyen una amenaza latente. Siguiendo a Orban (2001: 16), los personajes femeninos deambulan errantes por espacios poblados donde se ha impuesto el dominio de la masculinidad a través del peso de la tradición.

---

[7] Traducción del original en inglés al castellano realizada por la autora.
[8] Traducción del original en inglés al castellano realizada por la autora.

El director empatiza con un cuerpo femenino que se enfrenta, sin buscarlo, a la sexualización agresiva y salvaje del hombre (tanto el desconocido como el amante), cuyo escrutinio libidinoso es invasivo y ubicuo (ejemplo claro de esto es la secuencia en la isla de Noto que comentaremos después). Nunca tenemos acceso a la perspectiva de Sandro durante las relaciones sexuales, por ejemplo, ni padecemos con él sus contradicciones morales, sencillamente porque carece de ellas. Actúa de forma instintiva, buscando colmar sus deseos en cuanto nacen en él.

Ahora bien, es difícil que el espectador logre simpatizar con Claudia (y mucho menos con Anna) si no es a través de un proceso intelectual consciente. Más adelante veremos cómo Anna, que puede resultar un personaje particularmente desagradable al inicio de la cinta, acaba siendo "defendida" en realidad por el propio texto al confrontarnos con la dureza de su relación amorosa a través de Claudia. El carácter de la primera parece infantil y voluble, pero se torna cada vez más justificable a medida que su amiga ocupa su lugar. Si al principio podíamos figurarnos que Anna fuese la única causante de su propia infelicidad, al final descubrimos que sus reticencias hacia Sandro tenían razón de ser. En cualquier caso, Antonioni se posiciona frente a las dos mujeres con tacto, "dejándolas ser", permitiendo que lloren y rían, recaigan, se comporten de forma incoherente, jueguen, duden o reclamen atención. La mujer goza de un espacio para su vulnerabilidad que, si bien no es comprendido por su compañero, la película demuestra valorar por medio de decisiones formales discretas, cargadas de una ética diferente a la de otras aproximaciones masculinas al mundo femenino. Como aclara Brunette (1998: 9), es imposible decir hasta qué punto es consciente o subconsciente cada una de ellas, pero está claro que la película supone un "ataque firme contra el patriarcado". En el apartado de Resultados ahondaremos en cómo se vehicula esta crítica dentro del filme.

El segundo impulso por el que me guío es una intuición recurrente que me asaltaba durante los primeros visionados de *La aventura*, lejos todavía de un proceso racional o metodológico, que me conducía a pensar que la "incomunicación" tal vez era un concepto demasiado reduccionista en el que situar el fracaso amoroso de las parejas protagonistas. Cuando se le preguntaba al propio director, respondía con honestidad: "Yo nunca hablé de trilogías y menos aún de incomunicación" (Antonioni, 2002: 259), aunque no por ello afirmaba que esa clasificación careciese totalmente de sentido. Este diagnóstico no solo ha sido repetido en los textos académicos hasta la saciedad y dado cómodamente por sentado, sino que, además, se ha aplicado al "ser humano" que retrata Antonioni como si el director no concibiese diferencia alguna entre los dos géneros y sus roles en las esferas pública y privada. Brunette (1998: 8) hace notar inteligentemente cómo el "interés particular" que Antonioni profesa por la mujer ha solido considerarse parte de un interés general en "la alienación que la sociedad contemporánea ha impuesto a la humanidad". Sin embargo, incluso un espectador distraído advertiría que el modo de estar en el mundo de mujeres y hombres en *La aventura* es radicalmente diferente y, por tanto, lo es también su forma de amar. La mujer exige saber sobre el amor o, al menos, definir su fin una vez ya ha comprendido que no podrá tener el amor que ansiaba (Orban, 2001: 24). El hombre, narcisista empedernido, demasiado ocupado tratando de acallar sus frustraciones intelectuales o artísticas, utiliza a su amante para aliviar temporalmente su ego herido.

Hasta cierto punto, es natural buscar refugio y validación en un compañero sentimental, al que habitualmente se acude como espacio seguro. Al principio del filme, Claudia decide renunciar a la protección que podría ofrecerle una aventura con Sandro por sus remordimientos de conciencia, movida por un imperativo moral más fuerte que su propia voluntad. Sandro no respeta su decisión y la persigue, haciendo despertar en ella un sentimiento cada vez más difícil de ignorar. Cuando finalmente se rinde, el personaje de Vitti se resguarda en el cobijo de Sandro al verse superada por el dolor de la pérdida o el desamparo que siente ante el paisaje yermo e inerte. Aunque su iniciativa amorosa pueda surgir de la desazón que la asola (por ejemplo, la secuencia junto a las vías del tren, de camino a Noto), Claudia ama a Sandro con sinceridad. Para ella, Sandro no es una vía de evasión de una realidad inhóspita, sino alguien *con quien* evadirse. Claudia escucha y trata de reconfortar a su amado en los momentos de crisis, a pesar de que él no acepte las alternativas que se le ofrecen. Por el contrario, Sandro no es capaz de mostrar reciprocidad: las preocupaciones y desvelos de ella le cansan e incluso llegan a enervarle. A menudo, la joven es un molesto recordatorio de ciertos deberes éticos para con Anna, su padre, la autoridad o la propia Claudia que Sandro no quiere asumir. Para él, sus parejas son meros contenedores en los que volcar todo su desencanto hacia su propia vida, una distracción que detesta ver convertida en carga.

Partiendo de estas intuiciones y nociones iniciales, procedemos a diseñar una metodología de análisis fílmico que nos permita identificar los diferentes mecanismos de sentido que entran en juego durante el filme y que serán relevantes a la hora de confirmar o refutar las hipótesis de partida, en continuo diálogo con la literatura anterior.

2. MARCO TEÓRICO Y METODOLÓGICO

Este apartado está dedicado a describir, de manera conjunta, el marco teórico de la investigación y las técnicas metodológicas que aplicamos de cara a obtener los resultados cuya discusión nos encamine a la consecución de los objetivos propuestos y recogidos en las Conclusiones. En primer lugar, contextualizaremos nuestra aproximación a *La aventura* dentro de las denominadas "teorías de campo" según la clasificación de Francesco Casetti para, de este modo, justificar el enfoque multi-disciplinar del trabajo. Posteriormente, enumeraremos las tradiciones teóricas (y sus correspondientes autores destacados) que han influido profundamente en este estudio, fundamentalmente tres: el análisis fílmico (a raíz de la contribución de Jacques Aumont y Michel Marie), la *Feminist Film Theory* (concretamente el pensamiento de Teresa de Lauretis) y la teoría de la visualidad háptica desarrollada por Laura Marks.

En su manual *Teorías del cine 1945-1990*, Casetti (1994) hace un recorrido por los tres paradigmas fundamentales de análisis fílmico que emergen tras la Segunda Guerra Mundial. Estos modelos teóricos se proponen responder a preguntas de investigación distintas y, por tanto, se rigen por criterios y motivaciones diferentes. Nos encontramos, pues, ante teorías de naturaleza ontológica, metodológica y de campo. Las primeras estudian la naturaleza misma del fenómeno investigado (Casetti, 1994: 22), el dispositivo cinematográfico, apuntando a "descubrir los elementos que lo caracterizan" (Casetti, 1994: 23)[9]. De esta manera, se articula una reflexión sobre la *esencia* global de la materia.

---

[9] Casetti cita la aproximación de André Bazin en *¿Qué es el cine?* como claro ejemplo de este paradigma.

Dado que este trabajo gira en torno a una sola película, no pretendemos alcanzar unas conclusiones sobre el cine como medio, sino sobre uno de sus textos en particular. Por este motivo, de aquí en adelante nos concentraremos en analizar los puntos de divergencia entre las teorías metodológicas y de campo, ya que atañe a las decisiones procedimentales que hemos tomado para analizar *La aventura* y esclarecen, por otro lado, el porqué de unir el marco teórico con los métodos.

Casetti explica que las teorías metodológicas se caracterizan por imponerse una óptica concreta desde la cual estudiar el texto fílmico, ciñéndose estrictamente a ella para recabar una serie de datos o resultados (Casetti, 1994: 23). La selección de éstos no abarca todo el conjunto de la obra, sino una sección de ella, individuando algunos aspectos de interés y descartando otros. Se trata, pues, de priorizar lo "pertinente" sobre lo "esencial", el "acierto" sobre la "certeza" y la "corrección de la investigación" sobre "la verdad" (Casetti, 1994: 24). El estudioso delimita de forma muy clara el alcance de su enfoque, lo cual facilita su tarea al evitar divagaciones y dilemas (a la hora de otorgar mayor o menor relevancia a determinados elementos de un filme), pero el resultado que se obtiene también resulta limitado a un punto de vista específico. Por este motivo, las hipótesis de partida pueden ser desmentidas o confirmadas atendiendo a parámetros cuantificables, medibles y de una objetividad demostrable. No existe un diálogo entre la persona que investiga y su trabajo de investigación, pues no se requiere que ésta interprete la información que ha conseguido, sino que la presente de forma coherente y cohesionada. Siguiendo las mismas pautas, dos analistas distintos llegarían a las mismas conclusiones; lo que demuestra que en este modelo el criterio y los razonamientos personales quedan apartados.

Las teorías de campo, por el contrario, se sitúan en una "dimensión fenoménica e inductiva de la teoría" (Casetti, 1994: 24). El analista tendrá un papel mucho más activo en la producción de significados de la obra, ya que su principal inquietud no será la de *definir* sino la de *explorar*, término que encierra en sí una actitud predispuesta a encontrar y reconocer hallazgos inesperados, sin temor a desviarse de un camino preestablecido. Esta vez, las cuestiones sobre las que se procura arrojar algo de luz son más complejas, más abstractas si se quiere o, en palabras de Casetti, son "problemas que están en el aire" (1994: 25) y resultarán imposibles de abarcar desde una única perspectiva. Por otro lado, es lógico que el cine se preste a planteamientos polifacéticos, ya que se constituye como arte en una "encrucijada de experiencias diversas" (Casetti, 1994: 347). Si los supuestos de una disciplina resultan insuficientes para responder a un interrogante abierto, se recurre entonces a otras ramas del saber (ni siquiera necesariamente del mismo campo de estudios) y a otros procedimientos de investigación, siempre que éstos nos ayuden a desarrollar una visión más profunda sobre el tema que nos interesa. El conocimiento que se obtiene de este modo, señala Casetti, no es "global" ni "en perspectiva", sino "transversal" (1994: 25).

Como hemos expuesto en la Introducción, *La aventura* es una cinta que ha suscitado fascinación y deseos de indagar en cada uno de sus recovecos desde que se estrenó hace más de seis décadas. En este contexto, llevar a cabo un mero análisis fílmico que consistiese en medir una serie de variables nos parecía una aportación menor, dudosamente enriquecedora. Por otro lado, las hipótesis de partida trascendían cualquier intento de parametrización y buscaban, más que conclusiones cerradas, abrir paso a nuevas reflexiones sin pretensión de sentar cátedra sobre ningún aspecto. Compartimos la opinión de Casetti (1994: 347) de que la teoría no proporciona respuestas "unívocas, lineales o definitivas", sino que ofrece "*redes de investigación* que persigan el objeto deseado". Siguiendo las palabras del autor, no nos atraía discutir únicamente "los problemas que suscita el cine y cómo iluminarlos", sino, además, "ser iluminados por ellos" (1994: 24). En el caso particular de *La aventura*, encontrábamos que la película nos confronta con "el reflejo de la crisis de una pareja de su tiempo", pero también invita a cavilar sobre "el estado del Eros actual" (es decir, las pulsiones que mueven al individuo moderno en su búsqueda de una pareja, sea efímera o estable) y la necesidad de nutrir una vida interior propia para construir relaciones más satisfactorias con los demás (Tomasulo y McKahan, 2009: 19).

Dicho de otro modo: "en las crueldades infligidas a los personajes y que, a su vez, éstos infligen a otros, están las claves sobre cómo podrían ser evitadas" (Kolker[10], 1983: 152). Por tanto, consideramos que establecer una relación bidireccional con el texto, esto es, dialogar constantemente con él, nos permitiría llegar a unas conclusiones interesantes, tanto académicas como personales: alimentar un "saber *sobre* el cine y, al mismo tiempo, *más allá* del cine" (Casetti, 1994: 347).

Como se puede deducir de lo anterior, no hemos pretendido en ninguna de estas páginas disimular la presencia de una subjetividad que, inevitablemente, filtra las imágenes de un modo particular. La filósofa estadounidense Donna Haraway apuntaba a esta cuestión y defendía que el conocimiento siempre es *situado*, es decir, que "todos los ojos [...] son sistemas perceptivos activos que construyen tradiciones y *maneras* específicas de ver" (Haraway, 1995: 13). En su rechazo a la totalización y visión única, Haraway (1995: 14) no nos invita a abandonarnos, en consecuencia, al relativismo absoluto, pues según la autora ésta es solo "una manera de no estar en ningún sitio mientras se pretende igualmente estar en todas partes". La alternativa que propone, en cambio, es el reconocimiento de los "conocimientos parciales, localizables y críticos", pues es en las perspectivas parciales donde "se encuentra la posibilidad de una búsqueda objetiva, sostenida y racional" (Haraway, 1995: 15). Recuperando esta interesante reflexión, nos parecía improductivo (de nuevo, atendiendo a nuestras motivaciones iniciales) tratar de ignorar la influencia que múltiples factores (bagaje cultural, contexto social, intereses personales, etcétera) ejercen al ver e interpretar un texto fílmico. En su lugar, procuraremos justificar de forma racional nuestra mirada particular sobre el cine (Casetti, 1994: 201), relativizándola y confrontándola con otras aproximaciones. Nuestro objetivo ha sido, por tanto, el de fijar "ciertos contenidos del pensamiento, ciertos procedimientos de la observación, ciertas actitudes de cara al mundo" y encontrar una forma eficaz de vincularlos (Casetti, 1994: 346).

---

[10] Traducción del original en inglés al castellano realizada por la autora.

Uno de los grandes desafíos que supone esta forma de trabajar es formularse las preguntas adecuadas, algo sobre lo que también hace hincapié Casetti. Según éste, los interrogantes deberían atender, por un lado, a las "preocupaciones del teórico" y, por otro, a los "síntomas del objeto teorizado" (1994: 201). La segunda cuestión puede parecer más escurridiza, pues se refiere a identificar los aspectos del filme que presentan una mayor *densidad*. Es decir, aquello que el texto, de forma más o menos explícita, enfatiza para que el espectador se detenga a pensar en ello. Por medio de sus mecanismos formales y narrativos, una película favorece un determinado tipo de lecturas. Por ejemplo: los personajes de *La aventura* son burgueses; todos cuentan en mayor o menor medida con cierto privilegio de clase. Seymour Chatman (1985: 242) lo resume con rotundidad: "A Antonioni no le interesa la generalidad de la sociedad, no es un Dickens ni un Griffith". Esto evidencia que el director no está articulando un discurso sobre la lucha obrera y, por ende, no tendría sentido que un investigador se centrase en ese aspecto al analizar su obra. Hablando con franqueza, Antonioni le confirmaba a Aldo Tassone que nunca había tenido preocupaciones sociales o políticas y, en cambio, defendía firmemente que los individuos "son lo más importante del mundo" (Antonioni, 2002: 300). Por eso no se cita su nombre entre los autores neorrealistas de su generación, pero, en cambio, sí se menciona recurrentemente como uno de los grandes "cineastas de la mujer" junto a otras personalidades como Bergman, Von Sternberg o Cukor. El propio Antonioni recalcó su fascinación por la psicología de sus personajes femeninos, y por ello su cámara los sigue persistentemente "hasta desvelar sus pensamientos más recónditos" (Antonioni, 2002: 38). En cambio, a los hombres los conocía "menos de cerca" (Antonioni, 2002: 364). Esto nos condujo a pensar que la película *deseaba* que le preguntásemos sobre ellas, y era en ese ámbito en el que resultaría especialmente reveladora.

La última característica esencial del paradigma de las teorías de campo tiene que ver con la "atención a los textos concretos" (Casetti, 1994: 201). A pesar de que podría ser interesante haber estudiado la evolución de la mirada antonioniana desde títulos anteriores como *Las amigas* (*Le amiche*, Michelangelo Antonioni, 1955) o *El grito* (*Il grido*, Michelangelo Antonioni, 1957), o seguir las huellas de su exploración formal y temática en *La noche* y *El eclipse*, optamos por ceñirnos a una obra cumbre del autor con la intención de conocerla "en su individualidad" (Casetti, 1994: 201). Hemos buscado en *La aventura* todos los datos necesarios para nuestro análisis, con la esperanza de poder "reconstruir su lógica interna" y "los procesos de identificación" (Casetti, 1994: 203) que en ella operan. El cineasta la concibió como un "todo" auto conclusivo y así la hemos tratado.

Pasemos ahora a definir exactamente qué tradiciones y disciplinas nos han sido útiles para confeccionar una metodología propia. Para estudiar la película desde la óptica del análisis fílmico, recurrimos con asiduidad a las aportaciones de Aumont y Marie, recogidas en su *Análisis del film* (1990). Elegimos este libro como referencia principal tanto por la relevancia académica de la que goza en su campo como por la claridad y sensatez de sus propuestas. Los autores entienden la interpretación de un filme como el "*motor* imaginativo e inventivo del análisis" (Aumont y Marie, 1990: 25) y la consideran un elemento más del trabajo de investigación. Por otro lado, afirman, en línea con el *modus operandi* de este trabajo, que "no existe un método que pueda aplicarse de igual manera a todos los filmes, sean cuales sean" (Aumont y Marie, 1990: 47). Partiendo de estas bases, hemos asimilado varias de sus indicaciones.

El primer paso del procedimiento analítico fue visionar varias veces *La aventura*. La primera vez que se ve una película es inevitable concentrarse sobre todo en su línea narrativa y perderse muchos detalles significativos. Es a base de revisitar las secuencias como se captan sutilezas tales como elementos en segundo plano, estructuras compositivas, el tono en el que se pronuncian las palabras, matices en la interpretación de los actores, etcétera. A la hora de trabajar con las secuencias, partimos de una breve descripción de lo que sucede en cada una de ellas en un ámbito denotativo para posteriormente interpretar lo connotado.

Así pues, nos preguntamos en primer lugar qué estamos viendo (desde un prisma lo más objetivo posible) para ulteriormente interpretarlo en relación con lo anterior. Hemos evitado entrar en descripciones prolijas de cada escena porque entendemos que resultarían farragosas de leer y, para hacer una alusión directa a los aspectos más puramente visuales de la película, hemos acompañado el discurso con referencias temporales a los momentos clave del metraje (indicando entre paréntesis minuto y segundo del fotograma al que se hace alusión).

La importancia concedida a la imagen, más allá de la simple descripción de las grandes unidades narrativas de la película, responde a la enorme cantidad de "informaciones sensoriales, cognitivas y afectivas" que ésta ofrece al espectador (Aumont y Marie, 1990: 52). Aunque existe toda una rica tradición alrededor del análisis narratológico, concordamos con los teóricos franceses en que también "se puede (y se debe) convertir en actanciales los rostros, los vestidos y las posturas de los actores", así como "los decorados y la propia puesta en escena" (Aumont y Marie, 1990: 90). El aspecto visual tiene un gran peso en el trabajo de Antonioni, condicionando profundamente el significado de las líneas de diálogo y de acción de los personajes. No solo eso, sino que, además, percibimos cómo sus imágenes nos invitan a "responder a ellas de un modo íntimo y corporal, facilitando así la experiencia de otras impresiones sensoriales" (Marks[11], 2000: 26). Más adelante nos detendremos en explicar el concepto de visualidad háptica, acuñado por Laura Marks, que guarda una estrecha relación con las imágenes de *La aventura*. Pero antes, acabaremos poniendo de relieve dos valiosas ideas más de *Análisis del film*.

La primera concierne al conjunto del discurso que suscita una obra célebre como *La aventura*, cuyo alcance puede llegar a ser tan amplio que termine por "sustituir a la obra" (Aumont y Marie, 1990: 90). Además, tiende a crearse un "mudo consenso" (Aumont y Marie, 1990: 90) sobre ciertas interpretaciones por haberlas repetido de forma casi

---

[11] Traducción del original en inglés al castellano realizada por la autora.

sistemática, dándolas por ciertas en un determinado punto. Contra el sesgo que la lectura de otras aportaciones ha podido crear en el analista, Aumont y Marie sugieren intentar partir de una *tabula rasa*, con el fin de poner en cuestionamiento (si fuese oportuno) las aseveraciones que se han reiterado a lo largo del tiempo sobre la película. Sin embargo, sí creen conveniente "establecer un riguroso comentario de los discursos críticos *una vez finalizado el análisis*" (Aumont y Marie, 1990: 90). La realización de este trabajo ha respetado este orden metodológico para evitar hacer juicios tendenciosos y parafrasear opiniones ajenas.

La segunda alude a las intenciones de un creador al realizar su obra y al grado de importancia que un estudioso debería concederles al elaborar su disertación. En este sentido, Aumont y Marie (1990: 284) son claros: la figura del artista está completamente separada de la del analista y, por tanto, éste último debería ser libre "de desarrollar su trabajo sin sentirse limitado por las fronteras de esta intencionalidad" del autor. Nos hemos atenido a esa libertad, extrayendo información interesante y enriquecedora de las declaraciones del cineasta, pero sin adherirnos únicamente a ellas. Cuando Jean-Luc Godard le preguntó a Antonioni sobre el tema profundo de *El desierto rojo* (*Il desserto rosso*, Michelangelo Antonioni, 1964), el entrevistado reconocía: "Por el momento me resulta muy difícil hablar de *El desierto rojo*. […] Estoy todavía demasiado ligado a las "intenciones" que me han impulsado a hacerlo, no tengo la lucidez ni la distancia necesarias para emitir un juicio" (Antonioni, 2002: 325). Él mismo era, pues, muy consciente de que la voluntad detrás de aquello que había filmado no coincidiría del todo con el resultado logrado, y todo esto sopesado siempre desde la subjetividad del director. Por otro lado, un autor pierde el control sobre posibles interpretaciones en cuanto el texto que ha producido llega a un receptor ajeno a él, que lo decodifica y reelabora. Así pues, y remitiéndonos a una cita de Paolo Bertetto[12] (2006: 187), "más que de la *intentio auctoris*, la crítica interpretativa se ocupa de la *intentio operis* y la *intentio lectoris*".

---

[12] Traducción del original en italiano al castellano realizada por la autora.

Una vez recuperadas estas nociones, a nuestro juicio fundamentales, del libro de Aumont y Marie, pasamos a subrayar algunos aspectos de otras teorías que han enriquecido nuestras aportaciones. Un análisis de la representación de la feminidad debía, por fuerza, beber de los estudios de género. Dentro de este amplio campo de investigación, han sido particularmente relevantes algunos ensayos de Teresa de Lauretis, recogidos en su célebre libro *Alice Doesn't: Feminism, Semiotics, Cinema* (1984).

De Lauretis es una de las autoras consagradas dentro de la rama de estudios de la *Feminist Film Theory*. Esta tradición nace en Gran Bretaña a principios de los años 70 y combina el análisis de la imagen femenina con una sofisticada reflexión sobre el cine como aparato, el filme como texto y la construcción del espectador-sujeto, valiéndose para ello de los instrumentos de la semiótica y del psicoanálisis, filtrados a su vez por la lente de los *gender studies* (Pravadelli[13], 2008: 145). La *Feminist Film Theory*, además de teorizar sobre la relación entre el espectador y la pantalla, trabaja sobre los filmes y argumenta cómo los dispositivos retórico-formales inscriben la diferencia de género, evidenciando el punto de vista que vehiculan sobre la dualidad masculinidad/feminidad (Pravadelli, 2008: 146). La investigadora británica Laura Mulvey es, junto a Pam Cook y a Claire Johnston, una de las pioneras en este ámbito. No obstante, no hemos tomado como referencia su texto *Visual Pleasure and Narrative Cinema* (1975) porque se centra en estructuras narrativas y lingüísticas propias del filme clásico que no se replican en el cine de autor moderno. La propia Mulvey propondría seis años después una revisión[14] de su anterior aportación, replanteando la cuestión de la ausencia de la espectadora en términos menos radicales.

---

[13] Traducción del original en italiano al castellano realizada por la autora.

[14] Mulvey, L. (1981). Afterthoughts on 'Visual Pleasure and Narrative Cinema' inspired by 'Duel in the Sun' (King Vidor, 1946). *Framework: The Journal of Cinema and Media, 15/17,* 12–15. http://www.jstor.org/stable/44111815

Del pensamiento de De Lauretis destacamos especialmente su reflexión sobre la noción de experiencia, que ya había sido tratada por la semiótica y que la investigadora retoma y matiza. Este concepto se entiende no en un "sentido idiosincrásico e individualista de algo que pertenece a un individuo y solo a él", sino como un proceso por el que se "construye la subjetividad" para todos los seres sociales (De Lauretis[15], 1984: 159). La experiencia no se adquiere por una elaboración intelectual de las ideas o por causas externas, sino por la interacción del sujeto con el mundo exterior e interior, por su "involucración personal y subjetiva […] en las prácticas, discursos e instituciones que dan significado a los acontecimientos del mundo" (De Lauretis, 1984: 159). Por tanto, el cuerpo femenino se instruye en ciertos hábitos o modos de comportarse de forma inconsciente, internalizando razonamientos que acaban por asumirse como lógicos y propios. La construcción de la experiencia transcurre de forma ininterrumpida, su alcance es interminable, y sitúa al cuerpo femenino en una determinada posición histórica y cultural dentro de una realidad social dada.

Si en el cine narrativo clásico la mujer es representada "como espectáculo – cuerpo para ser mirado, epicentro de la sexualidad y objeto de deseo" (De Lauretis, 1984: 4), Antonioni se interesa por comprender la experiencia femenina desde su condición de sujeto, devolviéndole *agency*. El cuerpo femenino sigue siendo acosado por el escrutinio masculino, pero la cámara no asume esa reificación, sino que denuncia su perpetuación en una sociedad aparentemente avanzada. La focalización del relato en torno a un personaje femenino permite al espectador entender cómo filtra esta subjetividad cada interacción con el entorno, algo de lo que la tradición cinematográfica anterior solía privarnos. Esta perspectiva "permite […] comprender que la *diferencia* que marca la identidad femenina (la mujer como alteridad del hombre) no consiste solo en una diversidad anatómica, sino sobre todo en una diversidad de situación" (Casetti, 1994: 259). Por otra parte, la experiencia de la sexualidad jue-

---

[15] Traducción del original en inglés al castellano realizada por la autora.

ga un papel clave en la construcción de la identidad. De hecho, según Catharine McKinnon (citada por De Lauretis, 1984: 166) es a través de ella y no tanto de "la madurez física" que "las mujeres adquieren una identificación de género". Heredamos, pues, estas reflexiones a la hora de abordar el análisis de *La aventura*, prestando particular atención a la puesta en escena de los encuentros sexuales de Anna y Claudia con Sandro. Es esencial comprender tanto el rol que se les está pretendiendo imponer en cada situación (sutil o explícitamente), como la posible resistencia de ellas a asumirlo.

La experiencia subjetiva está profundamente ligada a la visualidad háptica que mencionábamos anteriormente. Siguiendo a Laura Marks (2000: 163), las imágenes *hápticas*, a diferencia de las *ópticas*, propician "una relación corporal entre el espectador y la imagen". Marks las vincula con el concepto de imagen-tiempo de Deleuze en tanto que "obligan al espectador a contemplar la propia imagen en lugar de dejarse arrastrar por la narrativa" (Marks, 2000: 163). Según expone el filósofo francés, existe, por un lado, un cine de imagen-movimiento, cuya sucesión de fotogramas se rige por las necesidades de la acción bajo una lógica causal y, por otro, un cine de imagen-tiempo (así se titula el famoso ensayo que le dedica Deleuze), que libera al plano de la causalidad, propio de directores europeos de posguerra como Rossellini, Godard y, por supuesto, Antonioni. Si en el primer paradigma, el personaje reaccionaba a su conflicto mediante la acción, en el cine posterior a la Segunda Guerra Mundial el personaje "ha ganado en capacidad de ver lo que ha perdido en reacción o acción" (Deleuze, 1987: 272). El espectador debe elegir en qué fracción de la imagen-tiempo concentrar su atención, "iniciando de nuevo el acto de percibir" (Marks, 2000: 66). Marks recupera la terminología propuesta por Deleuze porque el cuerpo y las percepciones sensoriales que en él se producen, trascendiendo los síntomas puramente visuales, cobran una autonomía total en la imagen-tiempo. De hecho, argumenta Marks (2000: 97), "es en los momentos en que el cuerpo se libera a sus propios gestos cuando la percepción se libera de la dinámica habitual de la acción". A modo de ejemplo, recordemos una de las últimas secuencias de *La aventura*, en la que Claudia se desvela esperando a Sandro y la acompañamos en sus intentos de acelerar el lento transcurso de las horas: huele una camisa de su amante, hace muecas frente al espejo, esboza pintarrajos sin sentido en una revista, cuenta en voz alta... Lo fílmico está intentando trabajar una percepción sensorial que sobrepasa el sentido de la vista. Las imágenes, de alguna manera, gracias en parte a su dilatada extensión temporal, nos contagian de la inquietud que siente el personaje. Más allá de simplemente ver la secuencia, el espectador se ve empujado a sentir en sus propias carnes su temporalidad, su pesadez. La subjetividad del espectador comienza, entonces, a diluirse en la de Claudia. Si de la mano de De Lauretis advertíamos que el sujeto femenino construye su identidad constantemente por medio de la experiencia, Marks nos ilumina acerca de la naturaleza multisensorial de este proceso y cómo puede traducir el cine esta complejidad.

Esta relación *afectiva* entre el espectador y aquello representado en pantalla se activa a través de ciertos mecanismos cinematográficos que emergen con frecuencia en toda la trilogía antonioniana, en especial (pero no exclusivamente) durante los momentos de deambulación física y emocional de los protagonistas. Dichos recursos retóricos comprenden los primeros o primerísimos planos del rostro de un personaje, la proximidad de la cámara al cuerpo, los desenfoques, los movimientos fluidos de cámara, la larga duración de los planos o la inserción de imágenes que apelan al sentido del tacto. Los afectos son reacciones imposibles de racionalizar, pero a lo largo del trabajo haremos hincapié en los modos de representación de esta experiencia somática y corporeizada de los dos personajes femeninos.

En suma, éstos han sido los ensayos y contribuciones que nos han ayudado a abordar el análisis de *La aventura* enfatizando los aspectos del filme que nos interesaban, permitiéndonos discutir las hipótesis planteadas de forma minuciosa y contextualizada.

3. ANÁLISIS DEL CORPUS
Y RESULTADOS DE LA INVESTIGACIÓN

En el presente apartado del trabajo abordaremos la construcción y representación de los dos personajes principales femeninos de *La aventura*: Anna (Lea Massari) y Claudia (Monica Vitti). Mediante su análisis, estudiaremos los rasgos específicos que constituyen la visión de Michelangelo Antonioni sobre la psicología femenina, una temática que exploró a fondo en la denominada trilogía de la incomunicación, y discutiremos las hipótesis expuestas en la Introducción con el fin de poder decantar una serie de conclusiones finales.

En primer lugar, el retrato que el cineasta propone de estas mujeres se caracteriza por una enfatizada complejidad psicológica que contrasta radicalmente con el comportamiento, a menudo instintivo, infantil y huidizo, de sus compañeros masculinos. Según Antonioni (2002: 291), la mujer "se dispone naturalmente a acoger la realidad […] y tiene mayores posibilidades que el hombre de encontrar soluciones adecuadas al caso". Las protagonistas antonionianas se cuestionan constantemente la naturaleza del amor y de su infelicidad, bien sea a través de la exploración del mundo que las rodea (mecanismos no verbales, muy relacionados con la experiencia háptica y sensorial) o de la formulación de preguntas (mecanismos verbales). Están dispuestas a revisar sus propias actitudes y los errores que cometieron, exponiéndose a una "confrontación crítica con el pasado" que les permita reinventarse de cara al futuro (Saporito[16], 2021: 16). Son todas, cada una a su modo particular y en diferente grado, mujeres con "lucidez", término que acuñó el propio

---

[16] Traducción del original en inglés al castellano realizada por la autora.

Antonioni para definir una conciencia despierta que resiste a los mecanismos de conformismo y autocomplacencia a los que se abandonan sus amantes. Esta diferencia fundamental hace que sean "más adecuadas que los hombres como protagonistas de unas películas que trataban de aproximarse a la verdad sobre las relaciones humanas" (Chatman, 1985: 83). En palabras de Font, "[los personajes femeninos] constituyen el verdadero filtro de las crisis y asumen el drama de la existencia con mayor capacidad que los hombres". Los masculinos, en cambio, son "arrastrados por la corriente de la inercia hasta el desvanecimiento" (Font, 2003: 45).

Su cualidad de lúcidas, no obstante, no otorga a estos personajes el potencial transformador suficiente para integrarse de forma eficaz en el mundo moderno. Ya lo advertía Antonioni en un encuentro con jóvenes estudiantes del Centro Sperimentale (2002: 77): "Mire usted, la lucidez no es la solución. Al contrario, diría que conduce a una situación todavía de mayor malestar, porque allí donde hay lucidez la escala de valores ya no tiene razón de ser y, por lo tanto, nos encontramos aún más extraviados". Los personajes masculinos, por el contrario, carecen de sensibilidad, y es precisamente esa falencia la que les permite moverse cómodamente en el espacio que les rodea, pues ellos mismos encarnan la condición amenazante del mismo. No solo han asimilado las lógicas del capitalismo feroz en un entorno impersonal y alienante, sino que las reproducen activamente asumiendo un rol de depredadores frente a las protagonistas femeninas, quienes, por el contrario, "critican y rechazan la sociedad burguesa en la que están inmersas" y de la que intentan escapar "abriéndose a estímulos sensoriales" (Saporito, 2021: 2). Sandro, el compañero sentimental de ambas mujeres en *La aventura*, renunció a desenvolverse en la faceta intelectual y artística de su profesión (la arquitectura) para volcarse en la salida financieramente más rentable, el cálculo, totalmente alejado de cualquier proceso creativo. Las construcciones que debieron entusiasmarle en su juventud como estudiante ahora son para él meras cifras presupuestarias: trabaja por y para el lucro monetario. Este distanciamiento se torna evidente al analizar el modo de estar en el mundo de Sandro: actúa como si lo que le rodea le perteneciera por derecho, pero no repara nunca en la belleza del paisaje ni en los momentos de ternura que emergen en él muy de cuando en cuando.

Al abordar su análisis sobre la agonía del matrimonio Pontano en *La noche*, José Antonio Llera (2012: 66) diagnostica "la abulia" como la enfermedad crónica que sufre la pareja central, que se muestra apática y desidiosa. Insiste en este término (entendido como "cansancio supremo") y descarta el concepto aristotélico de "melancolía", pues esta exige una "alta consciencia" de la que carecen tanto el hombre como la mujer. No obstante, a lo largo de este apartado nos concentraremos en demostrar que ellas manifiestan una mayor aptitud para la lectura de su entorno, expresándolo a través de múltiples signos verbales y no verbales que sus amantes son incapaces de decodificar. Anna es consciente de estar en una relación ponzoñosa con Sandro y trata de rebelarse contra ello en contadas ocasiones. Sin embargo, la dificultad que encuentra en verbalizar sus sentimientos, sumada a la actitud escéptica y paternalista de Sandro, le impiden encontrar una salida coherente. La otra gran figura masculina de su vida, su padre, ejerce una gran presión en ella y desaprueba fuertemente sus decisiones, deslegitimándolas. Claudia, el único personaje de *La aventura* que se esfuerza en comprender a Anna, heredará el desasosiego de su amiga en la segunda parte del filme, pero también su inconformismo, lo que le comportará una pérdida progresiva de la ingenuidad y, al mismo tiempo, un mayor poder de resistencia.

Si en el carácter masculino hay una falta de voluntad de cambio y de reacción, un "no recordar o no querer recordar", la condición femenina "grita contra el rechazo al análisis racional del hombre" (Antonioni, 2002: 75). Es la interpretación errónea por parte del hombre del grito femenino de ayuda (que es también una súplica) la que conduce a la pareja romántica al fracaso. En este sentido, encontramos especialmente acertado un apunte de Cameron y Wood[17] (1969: 2009): "El

---

[17] Traducción del original en inglés al castellano realizada por la autora.

factor común [en la trilogía de la incomunicación] es la incapacidad de los hombres para satisfacer a las mujeres. Las frustraciones de ellas constituyen el núcleo emocional". Sandro solo está dispuesto a hablar de sus propias frustraciones como individuo de manera distanciada, tangencial, buscando una cura ocasional para su ego sin una voluntad real de enfrentarse al duro proceso de cambiar. En lo que respecta a su relación con otra mujer, la comunicación para él es una gestión tediosa de la que escapa en cuanto tiene ocasión, o que trata de interrumpir violentamente con alguna intervención cruel como veremos más adelante.

En los siguientes subapartados analizaremos el comportamiento de los personajes mencionados siguiendo el orden de los acontecimientos de la película, prestando particular atención a lo que expresan y lo que callan, su relación con el entorno, la puesta en escena y la interpretación de las actrices, con el propósito de identificar los medios específicos por los que Antonioni representa la condición femenina y las interpretaciones que de ello pueden extraerse. Procuraremos, siguiendo la lógica del análisis fílmico propuesta por Aumont y Marie (75), hacer emerger "los elementos que contengan más información", de forma que puedan "vincularse con otros elementos presentados con anterioridad".

Anna: un grito de auxilio al vacío

La aventura comienza con una secuencia en la que Anna se despide de su padre antes de un viaje en yate que le tomará previsiblemente cuatro o cinco días. En el horizonte, vislumbramos la imponente cúpula romana de San Pietro mientras el padre y un albañil hablan sobre nuevas construcciones. Ambos pasean por un terreno vacío, con escasa vegetación, que rodea la lujosa villa de la familia. El hecho de que la cámara se mantenga en un primer plano sobre la faz de Anna (presentando a su personaje) mientras su padre habla melancólicamente de la destrucción inminente de la villa y recuerda su pasado ("Y pensar que era un bosque") habla por sí solo: el texto anticipa el trágico final de la joven (Melendo, 2006: 182). En su coreografía, padre e hija rara vez dicen una frase manteniéndose la mirada, pues cambian constantemente de posición dándose la espalda. El padre le reprocha a su hija que le deje solo durante el fin de semana y, empujado por un arrebato de resentimiento, le espeta que el hombre con el que está nunca se casará con ella. A Anna no parece sorprenderle excesivamente su exabrupto, lo que nos indica que quizá esté acostumbrada a ese tipo de dinámica. Al salir de escena en un *travelling*, la figura del padre cede el paso a la de Claudia, animada y sonriente, ajena a la tensión paternofilial. Como apunta Melendo (2006: 186), Claudia no imagina que las palabras del padre pronto le afectarán también a ella. Sin embargo, al percatarse de la expresión turbada de Anna, que sigue con la mirada a su progenitor, Claudia se sumerge de pronto en un silencio comprensivo. Las dos amigas suben al coche y se dirigen a casa de Sandro. Durante el trayecto, Claudia juguetea con sus manos, moviendo los dedos como si se deleitase en cada uno de ellos con el roce de la brisa.

Al llegar, y ante la perplejidad de su compañera de viaje, Anna parece haber perdido súbitamente el interés por reencontrarse con su novio. Claudia intenta convencerla en ademán conciliativo, pero no insiste demasiado y acaba por escuchar el soliloquio de su amiga hasta que el saludo de Sandro desde la ventana la interrumpe. La última frase de Anna, un vulnerable "¿Me entiendes?", queda sin respuesta. La joven recalca que los momentos de separación en su relación con Sandro le dan cierto espacio a la imaginación y a la fantasía, haciéndola más llevadera. "Sin embargo", añade, "cuando está ahí, delante de ti... está *todo* ahí". En estas palabras, dichas en las primeras líneas de diálogo del personaje, ya se vaticina una desilusión, una decepción con respecto a una realidad que no resulta del todo satisfactoria: sus expectativas para con Sandro, en algún nivel que todavía desconocemos, no son alcanzadas. A pesar de todo, finalmente Anna responde a su llamada y sube a su habitación, dejando a Claudia sola en la plaza, que la observa irse con una expresión de extrañeza.

Ya en el piso superior, Anna no dice una palabra. Sandro la saluda con normalidad, ajeno a su malestar, y toma su cara con la mano para darle un beso en los labios. La joven responde al gesto sin ganas. Como hará Riccardo con Vittoria en *El eclipse*, el arquitecto sigue con la mirada el deambular de Anna por la estancia sin entender qué se propone o a dónde se dirige. Bromea, pero al no conseguir despertar un atisbo de sonrisa en su amante, inquiere: "¿Es que tengo algo?". Anna no responde, esboza una mueca sarcástica y comienza a desabrocharse la camisa de espaldas a él, como si cumpliese con un protocolo preestablecido. Una gran viga de metal rompe la armonía de la composición y establece una separación radical entre la pareja. Sandro se sorprende ligeramente del cambio de actitud repentino, pero no cuestiona ni se opone a la iniciativa sexual de ella. En el dormitorio, Sandro trata de correr la cortina de la ventana, a través de la cual Claudia aguarda en la misma posición, expectante. No obstante, al hacerlo, un fragmento del vidrio queda descubierto de forma "intencionadamente artificial", dejando entrever aún la figura de la otra mujer "enmarcada entre las cortinas, lo que anula todo el sentido de la maniobra de Sandro" (Brunette, 1998: 44). La composición del plano (minuto 07:40) avanza que Claudia tendrá una relevancia futura en una relación que, desde un primer momento, se configura simbólicamente como triangular.

Sandro se tiende en la cama, colocándose encima de Anna, y le pregunta cómo se encuentra. A la sincera contestación de ella, "mal", él contrapone un simple "por qué", cuya motivación es más reglamentaria que realmente interrogativa. Sandro sigue la conversación como un trámite casi farragoso, deseoso de que le permita desembocar lo antes posible en el encuentro físico. No tiene tanto interés en el intrincado encuentro emocional. Anna repite una y otra vez el interrogante "¿por qué?", primero con cierta sorna y después con desesperación, mientras se remueve y forcejea con Sandro, golpeando su pecho. De esta forma, la joven evidencia la incomprensión de su compañero sentimental al exigirle que verbalice de forma concreta y directa su ostensible desazón. Él, por su parte, se limita a reír y trata de domesticar sus movimientos convulsivos. Hay algo visiblemente agónico y esquivo en la actitud de Anna que, sin embargo, no despierta una mínima preocupación en Sandro: él se obstina en tomar el mando del acto sexual para llevarlo al fin que sacie su deseo. La posibilidad de detenerlo o posponerlo ni siquiera pasa por su cabeza, dando por sentado el consentimiento de ella.

A través del montaje alterno, Antonioni intercala unos planos de Claudia quien, aburrida de esperar, entra en una galería y escucha las conversaciones de los visitantes. Resulta curioso que la joven no muestre ningún signo de irritación, pareciera más bien como si hubiese encontrado una excusa fortuita para explorar, una actividad que claramente disfruta. Luciana Bohne[18] (1984: 20) sugiere que este salto de montaje de una mujer a otra propone a Claudia como una alternativa vivaz y atractiva a la frígida respuesta de Anna, en un acto de "idealización" del personaje de Vitti que discutiremos más adelante. De vuelta en la estancia de los amantes, la cámara se mantiene fija y cercana al rostro de Anna durante el encuentro, su mirada vaga perdida por la habitación mientras Sandro besa su cuello. Citando a Tomasulo y McKahan (2009: 4), la protagonista permanece en un estado de neurosis, completamente distanciada del acercamiento íntimo que está teniendo lugar. Mediante este único primer plano, Antonioni se concentra en las emociones femeninas durante la experiencia sexual, dejando fuera de campo los cuerpos de los amantes y la expresividad de él. Se trata de una puesta en escena focalizada en retratar el estado emocional de Anna y captar las sensaciones que atraviesan su cuerpo, que van más allá del placer. Como argumenta Marks, no toda la experiencia se graba en el consciente, no solo es una cuestión de estar en el presente y percibir, pues el cuerpo también bloquea la percepción y la plena participación en el mundo. En otras palabras, "la corporeidad implica un nivel de trauma que la fenomenología no había contemplado inicialmente" (Marks, 2000: 152). Contra lo que cabría esperar, la carga de esta escena es fundamentalmente emocional, no erótica. Sandro está entregado

---

[18] Traducción del original en inglés al castellano realizada por la autora.

a la pasión, pero Anna reacciona solo parcialmente, en su mirada hacia el exterior del encuadre se intuye una necesidad de huida o de evasión (minuto 09:01).

Tras una breve elipsis temporal, vemos a los tres personajes reunidos de nuevo en el coche, Sandro al volante, atravesando un tortuoso camino plagado de curvas y vaivenes. Ni el hombre ni las dos mujeres hacen ningún comentario. El siguiente plano presenta la pequeña embarcación donde navegan los personajes, a quienes se han unido otras dos parejas burguesas: Corrado y Giulia, Patrizia y Raimondo. Claudia, sentada en el borde del barco, contempla embelesada los delfines que nadan en la lejanía, sin prestar demasiada atención a las interacciones banales de sus compañeros de viaje. No obstante, celebra con entusiasmo el despertar de Anna, a quien da un beso cariñoso en la mejilla e invita a participar de su fascinación por el paisaje. Tassone (2005: 118) aventura la hipótesis de que haber tenido una infancia sin dinero es lo que le da al personaje una "alegría de vivir" de la que los demás carecen. Anna, por su parte, sigue dando muestras de una intranquilidad que no le permite dormir bien. La complicidad entre las dos amigas vuelve a ser interrumpida con cierta brusquedad por la aparición de Sandro.

Según la lectura de Bohne (1984: 20), "la constante hosquedad e indiferencia de Anna hacia los demás", que se evidencia en estas escenas iniciales, "está calculada para que el encanto de Claudia resulte llamativo y deseable". Si bien estamos de acuerdo en que la intención visible de Antonioni es contrastar los comportamientos de ambas mujeres, el hecho de que más adelante en la cinta se enfatice la representación simbólica de Claudia como doble o reemplazo de Anna, acentuando esta idea a través del intercambio de ropa entre ambas y el juego con las pelucas, nos conduce a pensar que *La aventura* en el fondo nos desvela, a través de Claudia, los motivos por los que desapareció Anna. Es decir: la película puede entenderse como un ejercicio de comprensión hacia el personaje de Lea Massari, que al principio se antoja neurótico e irracional. Tassone (2005: 121) lo sintetiza de forma magistral: al final del filme, "Claudia es Anna con un grado de conciencia mayor". En la misma línea, Marcia Landy (2000: 299) escribe: "Anna y Claudia son diferentes en gestos y apariencia y, sin embargo, la sustitución de la una por la otra se produce cuando Claudia se convierte en el objeto del deseo de Sandro". Por tanto, interpretamos que la película en conjunto no trata de establecer una forma de feminidad superior a otra, ni de canalizar la empatía del espectador a favor de Claudia y en detrimento de Anna, sino todo lo contrario. Añade Chatman (1985: 186) a este propósito que "Claudia es la heredera involuntaria del calvario de Anna".

Claudia se traslada a la popa del bote, mientras Sandro gatea hacia Anna de un modo que remite a un depredador aproximándose a su presa. Aunque la joven parece disfrutar de la proximidad de su novio, el hecho de que este lea el periódico con interés superficial parece, al mismo tiempo, molestarla. La irritación de ella podría deberse simplemente a que Sandro se ha distraído, pero algo apunta a que Anna tampoco acaba de creerse del todo su distracción. "¿Por qué no te vas a tomar el sol?", le pregunta con tono desabrido. Él obedece mansamente, dejando que el viento se lleve las hojas del diario que terminan siendo engullidas por el mar ante los ojos de Claudia, confirmando, efectivamente, que su lectura era un pasatiempo insustancial como cualquier otro. Anna parece contenta de haber conseguido recuperar momentáneamente la atención de Sandro, pero el regocijo no dura demasiado porque en seguida él se separa de su lado y propone tomar un baño. Citando a Seymour Chatman (1985: 83), "la frustración femenina deriva de la insensibilidad del hombre ante sus necesidades", entre las cuales se encuentran algunas tan humanas y sencillas como "la compañía, el respeto o la simple atención". Contrariada y de forma impulsiva, Anna se zambulle en el mar peligrosamente cerca de la embarcación, sin esperar al resto e ignorando sus advertencias. Sandro la imita algo después. Claudia, por el contrario, espera con prudencia a que el motor se detenga para sumergirse.

La quietud se rompe cuando Anna grita, espantada por la presencia de un tiburón que causa un gran revuelo entre el grupo. Sandro acude rápidamente en su ayuda a nado y la conduce al barco. Una vez a bordo, Claudia se muestra solícita con Anna, ayudándola a secarse y preguntándole por lo sucedido. Ambas se quedan a solas en el camarote para cambiarse, momento en el que Anna ofrece a su amiga una camisa suya: "Te queda mejor a ti que a mí, quédatela". Este traspaso de una a otra de un signo identitario refuerza la idea de sustitución entre los dos personajes que mencionábamos anteriormente, al mismo tiempo que da cuenta de la complicidad que se crea entre Anna y Claudia. El ambiente de distensión permite la confesión de Anna, quien revela que la historia del tiburón era producto de una invención suya. Tassone (2005: 117) identifica este episodio como otro de los "misteriosos S.O.S." de Anna que Sandro "no consigue descifrar". Ahora es Claudia quien pregunta el por qué, a lo que Anna responde: "Porque sí, pero déjalo estar". Buscar un origen racional a sus impulsos parece agotarla, no ve el propósito en ello. Anna sabe, por experiencia, que tratar de justificarse o reivindicar sus razones no sirve de nada en su relación. Su interlocutora, en cambio, se aventura a ofrecer una explicación más que plausible: "Por Sandro, imagino", lo cual denota que, aun desde una posición menos íntima que la de Sandro, es capaz de interpretar el comportamiento de su amiga con bastante acierto. La reacción de Claudia es difícil de descifrar dado que ambas están de espaldas a cámara (minuto 19:42), pero el tono de voz que emplea durante la conversación no podría calificarse de reprobatorio. La tendencia estilística en *La aventura* a encuadrar a las mujeres de espaldas podría ser un "sutil signo de resistencia a la mirada intrusiva del director y su cómplice, la cámara" (Brunette, 1998: 36) que Antonioni teatraliza explícitamente. Por el modo en que Claudia pregunta: "¿Te ha servido, al menos?" y después añade cariñosamente: "Anda, vamos", sin aguardar respuesta, parece tener una intención más bien compasiva. Como señala Brunette (1998: 34), en la película se plasma una "gran solidaridad femenina" que permite a las mujeres comprenderse entre ellas, sin la necesidad siquiera de intercambiar palabras. Anna se queda en el camarote encendiéndose un cigarro, y, al volverse hacia el objetivo, revela un gesto amargo de decaimiento.

En la siguiente secuencia, las tres parejas seguidas por Claudia desembarcan en el paisaje rocoso de la isla. La muchacha, único eslabón suelto y algo discordante en el ambiente, explora el entorno con buena predisposición, deteniéndose para apreciar algo bello o bromear en actitud risueña. Corrado, un aristócrata entrado en años, parece sentirse atraído hacia el carácter de Claudia, que es completamente atípico entre sus círculos. Por su parte, su joven esposa Giulia muestra también una personalidad algo impresionable, haciendo menciones recurrentes al viaje que hicieron años antes Corrado y ella al mismo sitio, Lisca Bianca. No es descabellado suponer que esas referencias a un pasado en común son un intento, por parte de Giulia, de reestablecer una complicidad extinta con Corrado, quien responde a ese acercamiento con crueldad, ridiculizándola "con satánico placer" (Tassone, 2005: 117). Si bien no es nuestro objetivo entrar a analizar la psicología o el tejido de relaciones de los personajes secundarios, nos parece de interés subrayar cómo estos, independientemente de los roles menores que encarnan, también ponen de manifiesto dinámicas abusivas dentro de las relaciones afectivas burguesas (la "enfermedad de los sentimientos" de la que hablaba el propio cineasta). Giulia sufre una incomprensión por parte de Corrado similar a la que distancia a Anna (y a Claudia en el futuro) de Sandro. En otras palabras, se trata de proyecciones oscuras del destino de la pareja.

Tras este inciso, volvemos a Sandro y Anna en la última escena en la que veremos a la joven. Al tratarse de la conversación inmediatamente anterior a la desaparición, conviene prestar particular atención a los síntomas del personaje femenino antes de su huida (o incluso del suicidio, posibilidad que nunca queda descartada). Anna espera a Sandro apoyada en la roca, visiblemente alterada, mientras él pasea por los escollos sin inmutarse. Ella pronuncia una declaración contundente ("Me había acostumbrado a estar sin ti") aguardando una reacción activa por parte de Sandro. Según Chatman (1985: 88), la "aleatoriedad de las intervenciones de Anna demuestra que son auténticas", pues el diálogo antonioniano es siempre un delator de las obsesiones internas de los personajes. Sin embargo, él dedica apenas unos segundos a la problemática, resolviéndola con un "Te sucede siempre, se te pasará", mientras le aprieta el brazo en un gesto casi paternal. El desasosiego de Anna para Sandro es un mero fastidio que aparece y desaparece, que no merece atención pues no trasciende de lo anecdótico, como si formase parte de una neurosis femenina inevitable. Ella trata de insistir ("Esta vez un poco más") y él, con su habitual desfachatez, vuelve a restarle importancia ("Tardará un poco más en pasarse"), mientras hace equilibrios infantiles para saltar de un risco a otro.

Anna se ve obligada a desplazarse del entorno seguro del gran peñasco liso que la envolvía para llegar hasta Sandro, buscando una cercanía corporal, pero, sobre todo, emocional, a través de una senda inestable y llena de desniveles. Esta diferencia de cotas provoca que Anna, al aproximarse, quede en una posición de ligera superioridad respecto a él (minuto 23:47). La composición del plano se mantiene durante breves segundos en los que Sandro intenta evitar la discusión proponiéndole matrimonio a Anna, quien vuelve a alejarse instintivamente y pierde la pequeña ventaja que le ofrecía el terreno. La propuesta llega con una frivolidad devastadora, igual de volátil y caprichosa que la que hará Sandro a Claudia tan solo unos días después. Anna responde angustiada que casarse no cambiaría nada, mientras Sandro se acerca para colocarle un mechón de pelo. De nuevo, el personaje masculino encuentra inútil pararse a debatir; analizar los problemas en profundidad le resulta contraproducente. Sandro ofrece las únicas declaraciones de amor (si se las puede llamar así) en los momentos de crisis, planteándolas como obviedades que no ve razón en verbalizar, y vaciándolas completamente de este modo de significado y credibilidad. Anna se levanta y la cámara la enfoca en un primer plano. Al fondo, vemos la silueta de Giulia que sigue los pasos de Corrado. La tragedia de una mujer se proyecta en otra. Anna es consciente de la contradicción en la que se encuentra: quiere estar sola durante un tiempo, pero la posibilidad de una separación definitiva la atormenta. Chatman (1985: 88) subraya cómo la obra de Antonioni nos "sensibiliza cada vez más ante la discrepancia entre palabras y pensamientos, entre la fachada y la realidad interior". En ninguna de las dos hipotéticas situaciones la joven encuentra un consuelo: "La idea de perderte me hace morir, y sin embargo... ya no te siento". A esta dura confesión, que Tassone (2005: 117) considera una "azorada petición de ayuda" por parte de Anna, su amante replica cínicamente: "¿Tampoco ayer en mi casa me querías?", aludiendo al encuentro sexual en su apartamento. En el fondo, la contestación afilada y cruel tiene que ver con un orgullo herido que se siente atacado ante la sinceridad de la mujer, una manera de ser inherente a Sandro que emerge en los momentos de confrontación. Ella se queda mirándolo, muda de incredulidad, y murmulla: "Tú siempre tienes que ensuciarlo todo" (minuto 25:12). Sandro calla, no se defiende ni rectifica, y se aparta esta vez para tumbarse en las rocas, dando por terminada la conversación. El intercambio verbal en esta escena es una prueba de la constatación de Chatman (1985: 89) de que la presencia de diálogo en Antonioni nunca garantiza la comunicación efectiva entre los personajes.

Estas palabras son las últimas que pronuncia Anna antes de esfumarse. Ni Sandro ni Claudia volverán a verla jamás, ni tampoco el espectador. Chatman (1985: 60) hace hincapié en la dificultad que encuentran los personajes en comunicarse, no ya con los demás, sino consigo mismos, pues no logran esclarecer sus propósitos de vida. Esto los lleva, consciente o inconscientemente, a intentar escapar de la realidad que los consume. A pesar de que Anna caiga en ciertas ambigüedades o incoherencias en su intento de exteriorizar cómo se siente, su lenguaje corporal y los pensamientos que articula en voz alta evidencian su descontento con el trato de Sandro. El talante altivo de su interlocutor, su apremio por zanjar cualquier amago de disputa y su tendencia a minusvalorar las emociones anulan las tentativas desesperadas de Anna. Tal vez la pregunta adecuada que debemos plantearnos no es qué podría hacer la mujer para comunicarse de manera más eficaz, sino si su interlocutor estaría en cualquier caso dispuesto a (o capacitado para) hacerse cargo de aquello que se le transmite.

En busca de Anna, al encuentro de Claudia

Significativamente, Claudia es la primera en acusar la ausencia de Anna y dar la voz de alarma, despertando a Sandro de su plácido sueño sobre las rocas. Inicialmente, el misterio no suscita demasiada inquietud entre el resto de los pasajeros. El comentario poco afortunado de Sandro ("Estas cosas son las que me enfadan de Anna") denota, como señala Tassone (2005: 118), que "para el novio la desaparición de Anna es solo un motivo de irritación". Por el contrario, para Claudia desencadena, desde el primer momento, una verdadera debacle emocional.

Durante nueve minutos de metraje, la cámara acompaña a los personajes en su búsqueda por la isla en fragmentos inconexos, mediante un montaje que se desliga de los mecanismos causales propios del cine clásico. Este primer rastreo del territorio inaugura una serie de divagaciones del ser humano en el paisaje muy características de la llamada trilogía de la incomunicación. Se trata de paseos o indagaciones por el espacio (natural o urbano, interior o exterior) que carecen de un fin determinado, durante los cuales la cámara cinematográfica deambula con libertad, no necesariamente anclada al cuerpo de un personaje. La situación en la que se ven envueltos sobreexcede a Claudia y Sandro, que vagan sin rumbo fijo. Así pues, incapacitados para reaccionar, se limitan a *registrar* la experiencia. Siguiendo a Font (2003: 139), "en el desierto geográfico de Lisca Bianca, las idas y venidas de los personajes constituyen una vana actividad que casa con el vacío insensible que ha producido la desaparición, real pero inexplicable, de Anna".

La duración prolongada de la secuencia, que en el cine clásico hollywoodiano hubiera sido resuelta con un montaje pleno de cortes y elipsis, pone el foco en el vacío que ha dejado el personaje. La decisión estética de Antonioni de filmar la infructífera búsqueda de Anna durante varios minutos, no solo supone una separación consciente de la lógica imagen-movimiento (volviendo a los términos de Deleuze que desgranábamos en el apartado anterior), sino que, además, le confiere una enorme dignidad al sujeto desaparecido. Para Antonioni, Anna no

es solo un detonante narrativo necesario para que sucedan otros acontecimientos, ni un modo de mantener intrigado al espectador hasta llegar
a una resolución climática y esclarecedora. Anna es un personaje con
entidad propia cuya falta marcará inexorablemente el destino de Claudia y, como tal, su ausencia es igual de relevante que su presencia. Esta
es una muestra del compromiso ético de Antonioni (Melendo, 2006:
493), el cual "más allá de convertir su cine en una forma de espectáculo
lo eleva a la categoría artística".

El personaje de Monica Vitti es la "conciencia del grupo" (Tassone,
2005: 118), la única que sufre abiertamente por encontrar a Anna viva.
En su exploración, confunde la lejana figura de Giulia con la de Anna,
un alivio momentáneo que se esfuma en un instante. Pascal Bonitzer[19]
(1983: 150) recalca cómo el espacio "vacío" antonioniano nunca se encuentra, en realidad, vacío del todo, siempre lo ocupan "la niebla, rostros fugaces, presencias evanescentes o un movimiento". Esto también
forma parte de un juego algo "cruel", si se quiere, que conduce al espectador intrigado hacia pistas falsas, las cuales no llevan a ninguna parte e
insisten sobre la imposibilidad de una explicación racional y conclusi-
va. Al cruzarse con la joven, Claudia advierte que los pensamientos de
Giulia giran exclusivamente en torno a Corrado. El ensimismamiento
que muestran sus compañeros de viaje ante un suceso de tal magnitud,
incluido Sandro, la trastorna. Cuando posteriormente Patrizia especula
frívolamente sobre la posible aparición del cadáver de Anna en el mar,
Claudia no puede soportarlo y rompe a sollozar ante la estupefacción de
la otra mujer, incapaz de sensibilizarse al respecto.

El cariño sincero que profesa Claudia por su amiga la impulsa a
quedarse en Lisca Bianca a la espera de noticias, a pesar de la discon-
formidad de sus compañeros. Esa noche Claudia no logra disimular
su disgusto hacia el comportamiento evasivo de Sandro, quien no se
implica en la investigación con el afán que cabría esperar, deshacién-
dose en pretextos para justificarse. Su pasividad irrita a la joven, que

---

[19] Traducción del original en italiano al castellano realizada por la autora.

le fuerza constantemente a admitir su responsabilidad ante los demás y ante sí mismo. Claudia, que se aferra a la idea de que Anna todavía vive, no está dispuesta a abandonar la búsqueda sin haber agotado todas las posibilidades. Con un arrojo insospechado, probablemente fruto de la congoja, Claudia le reprocha a Sandro no haberse esforzado lo suficiente en conocer el carácter de su pareja. Tampoco ante una ofensiva como esta Sandro articula una respuesta firme. Después de unas horas, al amanecer, vemos a una Claudia desvelada que observa la salida del sol abstraídamente: la intranquilidad no le permite apreciar la belleza del momento. Al rebuscar en su macuto, descubre la camisa que Anna le había dejado y la ase contra su pecho, como si la prenda pudiese otorgarle alguna pista sobre el paradero de su dueña (minuto 43:50). La experiencia sensorial representada en el plano va más allá de lo visual, conectando a una mujer con otra mediante la tactilidad. Como apunta Marks, "los objetos, los cuerpos y lo intangible encierran en sí historias que el cine solo puede traducir parcialmente" (2000: 131), ya que se trata de experiencias que eluden el registro verbal y visual, y se codifican en otros sentidos más cercanos al cuerpo.

A la mañana siguiente, Claudia se muestra avergonzada de haberse enfrentado a Sandro y le presenta sus disculpas. Él, todavía intrigado, observa: "Usted quiere mucho a Anna", a lo que Claudia asiente sin dudar. El impulso narcisista de Sandro le lleva a preguntar por cómo hablaba Anna de él. Claudia, haciendo gala de su naturaleza piadosa, decide omitir las confesiones de su amiga y responde que decía poco sobre él, pero siempre desde la ternura. Sus reconfortantes palabras no calan en el arquitecto, que contrapone: "Y sin embargo se ha comportado como si mi afecto, el suyo, incluso el de su padre, no fueran suficiente". Mientras pronuncia estas palabras, Sandro avanza hacia la cámara, que encuadra a los dos personajes en un plano medio. Así, su cuerpo queda por delante del de Claudia e invade parte de su espacio en la imagen, representando visualmente cómo Sandro proyecta la culpa de lo sucedido en la mujer y en su carácter indescifrable. Su compañera, que se mantiene detrás de él, aunque a una altura superior, se pregunta qué podría haber hecho ella para prevenir la tragedia. Los dos polos morales opuestos, el masculino y el femenino, quedan así explicitados figurativa y simbólicamente. Claudia no duda en cuestionarse si de alguna forma ha fallado como amiga, consciente de que la huida de Anna es una consecuencia irrevocable de la incomprensión que sufría por parte de su entorno más cercano. Sandro, por el contrario, atribuye al "difícil carácter" de Anna, hermético y complejo, la causa de su propia desgracia.

Aturdida, Claudia se aleja entre la vegetación para echarse algo de agua en la cara. Sandro sigue sus pasos sin un fin aparente. Ella simula no darse cuenta, pero al intentar levantarse tropieza y se encuentra inevitablemente con la mano de Sandro agarrando su muñeca con firmeza. Este primer contacto entre los dos se plasma en un plano medio muy elocuente en el que, de nuevo, Antonioni sitúa a la mujer de cara al objetivo para que el espectador pueda leer su rostro descompuesto (minuto 48:31), que refleja "la sorpresa ante el evidente interés romántico" de Sandro (Chatman, 1985: 130). Forzada a enfrentarse al emerger de un sentimiento que no puede admitir, le devuelve una mirada temerosa. La trascendencia del momento es innegable para el espectador y para el propio personaje, que se sabe atrapado en una amenaza latente. Del juego de miradas, que establecía una relación de tensión aún desde la distancia, pasamos al roce catártico entre dos pieles. La tactilidad, como recuerda Marks (2000: 149), exige la cercanía y la reciprocidad: uno no puede tocar sin ser tocado. Sandro está de espaldas a la cámara, pero, a juzgar por los planos anteriores y sucesivos, es evidente una predisposición por su parte hacia un encuentro de este tipo. Su gesto en el momento climático delata una satisfacción contenida, un deseo erótico que se encubre bajo galantería, pues no está aún en condiciones de explicitarse. En cambio, "la expresión facial de Claudia nos hace pensar que esas insinuaciones le parecen indecorosas" (Chatman, 1985: 131), tal vez no en otro contexto, pero desde luego sí en una situación como la que viven.

Después del momento cargado de tensión, los dos observan la llegada por mar de la brigada de policía, escoltada por Giulia, Patrizia y

Raimondo. En un determinado momento, durante el rastreo de Lisca Bianca, podemos suponer que la cámara adopta el punto de vista de Sandro, a quien vemos mirar a lo lejos en dirección a Claudia. Esta, al percatarse, trata de rehuir su mirada y se aleja, pero la cámara acompaña su movimiento en una panorámica lateral que podría simular la mirada masculina. Los dos toman intencionadamente caminos separados, procurando no encontrarse otra vez. Seymour Chatman (1985: 112) resalta cómo la naturaleza "laberíntica y salvaje" del paisaje sirve de telón de fondo para el "descubrimiento de la atracción mutua" entre los dos personajes.

Al rato, Sandro propone que sea Raimondo quien acompañe al comandante a una isla vecina a proseguir la indagación, delegando una vez más la responsabilidad. No obstante, Claudia se atreve a encararse y le dice que debería ir él. Sandro baja la mirada y susurra: "Sí, quizá es mejor". Al quedarse Claudia y Patrizia apartadas, ésta elogia la serenidad de Sandro como una virtud envidiable. Su interlocutora no tarda en contradecirla: "¿Tranquilo? No me lo parece. No ha dormido en toda la noche". Claudia se resiste inconscientemente a aceptar la templanza de Sandro porque es inconcebible bajo su código moral: admitir su indiferencia ante la pérdida de su amada implica, en el fondo, reconocer su flagrante cinismo.

La secuencia siguiente relata la llegada del padre de Anna a la isla. Claudia se dirige a él para entregarle los dos libros que encontró en la bolsa de su hija: la Biblia, por un lado, y *Suave es la noche* (*Tender Is the Night*), una novela contemporánea de Scott Fitzgerald. Aunque articular un análisis intertextual sobre cómo dialogan los dos textos y la película de Antonioni trasciende los objetivos de este trabajo, remitimos a los apuntes de Luciana Bohne sobre los paralelismos que existen entre la protagonista de *Suave es la noche* y Anna, que pueden ser de ayuda a la hora de interpretar el simbolismo del filme. Bohne (1984: 18) subraya cómo, por una parte, el libro sagrado (que la autora define como "el texto patriarcal por excelencia") merece la aprobación rotunda del padre, mientras que la obra de Fitzgerald "la repudia con descaro" devolviéndosela a Claudia inmediatamente, quien, por el contrario, demuestra sentir apego por el libro acariciando su encuadernación. Para el padre, encontrar la Biblia entre las pertenencias de Anna es una buena señal, pues una presunta vocación religiosa le habría impedido quitarse la vida. Pero Claudia, bajando la mirada hacia la novela de Fitzgerald (que es un indicio de cuán compleja es en realidad la subjetividad de Anna), calla porque no puede compartir su esperanza. Afectada, se retira al yate para cambiarse de ropa: llevar puesta la camisa de Anna le está haciendo sentirse incómoda.

Con la excusa de coger su maleta, Sandro sube a la embarcación en cuyo interior encuentra a Claudia peinándose. En silencio, ella se apresura a intentar salir, pero Sandro le cierra el paso. Arrinconándola desde el marco de la puerta, Sandro toma a la joven por el cuello y la besa en los labios. Resulta interesante comparar este momento pasional con el primer beso que se nos mostró entre Sandro y Anna. En ambos, es Sandro quien atrae hacia sí a su compañera con cierto ímpetu, quizá por impaciencia, acaso por ansia de control. En este caso, no obstante, Claudia sí responde al beso con deseo, al menos inicialmente. Aunque coloca su mano sobre la de él con ternura (minuto 57:54), al cabo de unos instantes, los remordimientos la impulsan a apartar a Sandro y salir del camarote a toda prisa. El hecho de que, unos instantes antes, Claudia llevase la camisa de Anna, articula un discurso sobre la "despersonalización" y la "deshumanización" que proliferan en la sociedad actual, cuyas lógicas consumistas conciben a las personas como "desechables y reemplazables" (Tomasulo y McKahan, 2009: 4-5).

Reunida con Patrizia en tierra firme, Claudia anuncia que recorrerá todas las islas antes de irse definitivamente. Aldo Tassone (2005: 119) considera esta decisión una especie de castigo autoimpuesto por parte del personaje de Vitti, una penitencia cuyo objetivo no es solo buscar a Anna u olvidar a Sandro, sino reencontrarse consigo misma. Un plano general picado, cerniéndose sobre los barcos de la brigada policial, clausura esta primera parte de la película en Lisca Bianca mediante un fundido a negro (un recurso sintáctico que generalmente comporta una elipsis temporal breve).

Las escenas que transcurren en la comisaría de policía nos hacen partícipes de la investigación de la desaparición por parte de las autoridades, la cual diverge cada vez más de su propósito inicial. Fuera del edificio, un sargento informa a Sandro de que "la señorita que iba con él" se ha marchado a la estación para coger un tren. En efecto, el arquitecto encuentra a Claudia en la sala de espera frente a las vías, leyendo un titular del periódico sobre Anna. Al enterarse de que está a punto de partir a Montalto, Sandro expresa inmediatamente su deseo de acompañarla. Ella lo rechaza, recordándole sus obligaciones para con la policía, y le ruega que no complique más las cosas. La forma de dirigirse el uno al otro ha experimentado varios cambios perceptibles: se tutean y se hablan con cierta confianza (en un determinado momento, Claudia le pide que deje de poner "esa cara de solemnidad"), y su lenguaje corporal es relajado. A pesar de que han transcurrido solo tres días desde el inicio del viaje (dato que se explicita en la conversación del tren), el acercamiento del yate ha tenido un impacto notable en la relación entre ambos. Sintiendo una profunda culpa, la joven decide firmemente cortar de raíz la aventura (una de las múltiples acepciones del título de la película) separándose definitivamente de Sandro, quien recibe la noticia con disgusto.

Pegado a la pared, detrás de su figura, vemos un cartel turístico con un dibujo infantil que publicita las vacaciones estivales en Sicilia. El objeto no solo ofrece un contrapunto irónico a la situación dramática que están viviendo los personajes (Brunette, 1998: 44), sino que, además, subraya la asociación del personaje masculino con una dimensión inmadura y pueril. Por otro lado, en la esquina superior derecha del contraplano de Claudia (mucho más abierto que el de su interlocutor), vemos un panfleto que versa sobre ejercicios espirituales (minuto 1:04:30). Tal como expone Chatman (1985: 68), el decorado nunca es fortuito en Antonioni, ya que "contiene comentarios implícitos sobre las acciones del personaje", operando en un nivel simbólico.

Después de pedirle a Sandro que se vaya, Claudia reúne el valor para montar en el tren, el cual emprende su camino tras el anuncio del silbato. Sandro, haciendo caso omiso de la petición de Claudia, echa a correr en el último momento para subirse al ferrocarril. Cuando finalmente aparece en su vagón, Claudia se sorprende y lo saluda con sarcasmo: "A ver qué nos decimos ahora". Agotada y haciendo un visible esfuerzo, le insiste en que no quiere verle más. Sandro repone que no ha podido evitar seguirla, cediendo ante sus impulsos, pero ella repite que deben resignarse tomando caminos separados. La idea del sacrificio enerva a Sandro: "Yo no tengo intención de sacrificarme, es estúpido. ¿Por qué? ¿Por quién?". Ella le observa con pasmo, de nuevo no comprendiendo su insensibilidad. Bohne (1984: 21) destaca el esfuerzo de Antonioni por diferenciar a Claudia del resto de displicentes personajes, retratándola como un ser vulnerable y "susceptible a la subversión moral de Sandro". Él advierte el rechazo en la mueca de Claudia y hace el amago de retraerse un poco ("No quiero parecerte cínico"), pero se mantiene en su posición de "brutal y distorsionada aceptación de las cosas como son" (Bohne, 1984: 21). Sofocada, la joven sale al pasillo, donde escuchar el ingenuo flirteo entre dos desconocidos parece abstraerla parcialmente de su realidad, calmándola. En Claudia encontramos vestigios de la personalidad de Valentina y Vittoria, interpretadas por la misma actriz en *La noche* y en *El eclipse*, pues las tres mujeres muestran una actitud algo olvidadiza, dejándose llevar por las sensaciones del presente y jugando creativamente con los objetos que encuentran a su paso (Saporito, 2021: 10). Sandro se mantiene detrás de ella, sin participar del pasatiempo. Cuando una de los "espiados" dice preferir la música al amor, "porque la radio se puede comprar, pero un novio hay que buscarlo", la expresión de Claudia se ensombrece. La observación banal de la muchacha cae sobre ella como un jarro de agua helada, devolviéndola a su mundo hostil, donde el cuerpo de Sandro la aprisiona y la obliga a tomar una decisión. Intenta ganar espacio sacando su cuerpo por la ventanilla, pero él continúa atosigándola. Finalmente, Claudia consigue zafarse de sus brazos, a pesar de la fuerza que ejercen sobre ella, y Sandro se apea del tren.

Después de esta escena, asistimos a un patético espectáculo en Messina: una inmensa multitud de hombres se empujan, gritan y vitorean, alborotados por la falda rota de una escritora recién llegada a Italia, Gloria Perkins. En palabras de Chatman (1985: 57), se trata de "una magnífica estampa del sexo masivo y anodino como sustituto del trabajo". Sandro, que seguía la pista del autor del titular del periódico, pronto se distrae de tal propósito y se camufla entre las hordas de provincianos, integrándose con relativa discreción (minuto 1:12:07). Según la interpretación de Tomasulo y McKahan (2009: 7), los largos planos en los que se articula la escena "ponen de relieve la relación entre la sexualidad libidinosa y la masculinidad de la clase trabajadora". Por otro lado, Brunette (1998: 32) observa cómo Sandro es presentado como un burgués "presumiblemente más sofisticado que estos hombres", pero "solo en una versión urbana más sutil, de menor escala" del mismo impulso depredador. Después de que la distracción desaparezca (la escritora coge un taxi de vuelta al hotel donde se aloja), Sandro retoma su investigación. El periodista le proporciona el nombre de un farmacéutico de Troina (localidad cercana a Messina) que dice haber visto a Anna, aunque éste es solo uno de los varios y contradictorios indicios con los que cuentan.

Mientras tanto, Claudia mata el tiempo con el resto de los amigos en la villa de los príncipes de Montalto, en Taormina. Como hace notar Tassone (2005: 119), el "clima de ociosa *dolce vita*" que impera en la casa "no es el adecuado para Claudia", quien no encuentra comprensión en ninguno de sus apáticos habitantes. Los varones consagran su tiempo a hablar de negocios y aguardan impacientemente el retorno de Sandro, a quien necesitan para conocer las cifras exactas de dinero con las que especular. Para estos aburguesados, el dinero determina el valor de cualquier entidad, la realidad es reducible a un precio. Giulia hace un comentario trivial sobre la temperatura y, otra de las presentes (miembro inequívoco de la misma clase privilegiada), incluso se atreve a hacer una broma de mal gusto sobre la desaparición de Anna, insinuando que Sandro podría haberla matado. En su deriva financiera, meteorológica o "humorística", todas las conversaciones evidencian una falta de empatía atroz. Claudia se muestra horrorizada al escuchar la mofa, a lo que Giulia reacciona unos segundos después con fingido pudor: "Deberíamos avergonzarnos". Nadie hace un comentario al respecto, pero las expresiones del grupo están lejos de manifestar algún signo de arrepentimiento. Aprovechando que los invitados se retiran al interior de la casa, Giulia le presenta a Claudia a Goffredo, un joven pintor de diecisiete años por el que Giulia siente un interés palpable: su lascivia es "la proyección narcisista de una mujer rechazada por su marido con demasiada frecuencia" (Chatman, 1985: 63). La atención y las alabanzas desmesuradas que Giulia dirige al muchacho rozan lo grotesco, provocando un profundo rechazo en el personaje de Vitti.

Por fin sola en su habitación, la única estancia del palacio donde Claudia se desenvuelve cómodamente, la joven fantasea probándose anillos. Desde su ventana, escucha las risas de Giulia, quien continúa asida al brazo de Goffredo, dejándose seducir. Con gesto hastiado, Claudia se dirige al cuarto de Patrizia con la esperanza de encontrar allí una actividad estimulante. El aliciente acaba materializándose en una peluca morena que Claudia no duda en probarse. Este movimiento por parte del personaje incide, esta vez de forma todavía más explícita, en el concepto de doble: Claudia está relevando a Anna. Si antes llevaba su camisa, una pertenencia ajena que se amoldaba al cuerpo de una mujer diferente, con la peluca se ha *convertido* en ella, escalando a un nivel superior de semejanza a Anna que se aproxima inevitablemente al reemplazo. Antonioni nos hace partícipes del experimento jugando con la imagen del espejo del tocador de Patrizia, utilizando su reflejo como un dispositivo simbólico (minuto 1:19:13) que nos hace cuestionarnos "qué es lo superficial y qué es lo profundo" (Chatman, 1985: 117).

Ambas salen de la habitación, ya con sus peinados habituales, y es en el pasillo donde Giulia intercepta a Claudia, deseando hacerla testigo de su escarceo con el pintor. Claudia acude de mala gana y, aunque al principio siente cierta curiosidad por los dibujos de Goffredo, pierde rápidamente el interés en ellos al reparar en que todos son desnudos femeninos: están exentos de creatividad, son meras representaciones del erotismo. El personaje se acerca a la ventana, denotando así su preferencia por la belleza circundante y tangible del paisaje natural. Interpretamos la desafección que Claudia siente ante estos esbozos no como una carencia de sensibilidad artística (virtud que ha demostrado poseer repetidas veces), sino como indiferencia hacia un "arte" que se revela intrascendente en su retrato frívolo de la mujer. Goffredo hace hincapié en "la disposición natural femenina a exhibirse" y pasa por alto, en cambio, la inclinación masculina a escudriñar esos cuerpos que está implícita en la totalidad de su obra. Por su parte, Giulia finge escandalizarse ante el desparpajo de las modelos, ciñéndose a una pose distinguida y recatada la cual, al mismo tiempo, disfruta poniendo en duda. Cuando por fin consigue la atención que esperaba del muchacho, Giulia expulsa a Claudia de la habitación, a quien estas "revanchas amorosas" la deprimen profundamente (Tassone, 2005: 119).

Tras abandonar el estudio de pintura, Claudia opta por quedarse sola en casa mientras el resto de los huéspedes salen a dar un paseo. Un fundido nos transporta a la farmacia de Troina, donde Sandro interroga al presunto testigo. Sin embargo, el dueño se muestra poco dispuesto a colaborar, y su declaración se contradice con la de su recelosa esposa. El hombre arguye no recordar con precisión los detalles de su propio testimonio, mientras que su compañera lo acusa de deshonestidad, destapando sin reparos la actitud obscena y lujuriosa de su marido hacia las mujeres. En ese momento, un automóvil aparece en escena: se trata de Claudia quien, inquieta por la falta de novedades, finalmente ha decidido reunirse con Sandro. Éste y el farmacéutico observan a la joven bajar del vehículo y andar hacia ellos con expresión sombría. Atraído por su belleza, el boticario se acerca a la pareja para ofrecerles por fin alguna pista que seguir: Anna podría haber tomado un autobús hacia Noto. Mientras habla, un primer plano enmarca su rostro desagradable y arisco, cuya mirada repasa indisimuladamente de arriba abajo el cuerpo de Claudia. La cámara nos hace partícipes de su repugnante acoso sin encarnar su perspectiva: Antonioni hace hincapié en lo despreciable del sujeto que mira y acorrala (minuto 1:29:17). Sandro no parece indignado ante su falta de escrúpulos y le agradece su aportación, mientras el farmacéutico empuja bruscamente a su mujer (que había hecho amago de dar conversación, buscando la comprensión de Claudia) para que vuelva al interior del local. Sin preguntar, Sandro coge la maleta de Claudia y le da órdenes al chófer de informar al resto de que reemprenderán la búsqueda los dos juntos. Ella no se opone. Los dos hombres, a pesar de la diferencia de clase que los separa, están habituados a imponer su voluntad y sus ritmos sobre sus respectivas parejas.

Así pues, Claudia y Sandro parten hacia su destino por carretera. Por el camino, encuentran un pueblo desierto que, debido a la ausencia de señalización, confunden con Noto. Como señala Clara Orban (2001: 15), la imagen de la ciudad completamente desolada "recuerda lo inhóspito de la vida provinciana en Sicilia" y, sin embargo, el paisaje deshabitado concede a los personajes femeninos una sensación de "seguridad y emancipación". Por el contrario, "las zonas urbanas, llenas de depredadores sexuales y financieros" (Orban, 2001: 24) representan una clara amenaza para ellas.

La invulnerabilidad que proporciona el entorno natural desierto a Claudia propicia el primer encuentro sexual entre Sandro y ella, quienes se entregan el uno al otro recostados en una ladera. La repentina inclinación sexual de Claudia puede resultarle incoherente al espectador si se atiene a la escena inmediatamente anterior, en la cual la joven había comparado el fantasmagórico pueblo (con sus campos áridos y sus muros derruidos) con un cementerio, y añadía: "Dios mío, qué triste. Vámonos". Seymour Chatman (1985: 76) arroja luz sobre este asunto remitiendo al guion de rodaje de *La aventura*, en el cual encontramos varios pasajes explicativos que Antonioni posteriormente decidió omitir, dándole a los acontecimientos del filme una naturaleza "más contingente que causal". En esta versión, "Claudia cedía al acercamiento sexual de Sandro porque el espectáculo de la ciudad desierta la había hecho sentir tan aislada que necesitaba aferrarse a él para refugiarse en su calor" (Chatman, 1985: 76). Apostando por eliminar estos retazos de información explícita, el director deja que sea el espectador quien dilucide qué ha podido provocar un cambio de actitud tan radical en Claudia. *La aventura* nos da indudablemente herramientas y señales para poder comprender o al menos empatizar con la motivación femenina, pero para ello es indispensable que confiemos en que existe, evitando reducir a estos personajes a la mera "neurosis".

La escena en la que hacen el amor es inusitadamente larga, lo cual le confiere una mayor "emotividad y sensualidad" a pesar de que nada se muestra explícitamente (Brunette, 1998: 40). A diferencia del encuentro entre Sandro y Anna, Claudia disfruta de la experiencia, pero ambas escenas comparten la decisión estética de mantener la cámara anclada al rostro de la mujer, mientras que Sandro está prácticamente todo el tiempo de espaldas al objetivo. La cámara capta en varios primeros planos las facciones de ella, quien mira con frecuencia al fuera de campo, pero, en este caso, con una expresión de fantasía, de ensoñación (minuto 1:35:54). La llegada abrupta del ferrocarril en un gran plano general interrumpe la escena, enfatizando el "carácter mecanizado y deshumanizado de sus relaciones" (Tomasulo y McKahan, 2009: 6). Cuando la locomotora se pierde en el paisaje, el acto ya ha terminado y Claudia se mantiene recostada sobre su amante, reticente a irse.

Al llegar a Noto, Claudia le propone a su compañero que acuda él solo a reencontrarse con Anna, no por cobardía, sino para permitirle un espacio de intimidad. Sandro acepta con cierto fastidio. Así pues, la joven pasea por Noto mientras espera, tal y como aguardó en Roma mientras Sandro y Anna mantenían relaciones. La presencia novedosa de una extraña, elegante y atractiva, concentra a decenas de hombres a su alrededor, negándole la posibilidad de caminar con libertad. Hombres de todas las edades la acorralan de forma intrusiva, casi tocándola, mientras ella intenta desesperadamente encontrar su propio espacio. Antonioni nos transmite la sensación de claustrofobia que siente un cuerpo que no quiere exponerse, pero no puede evitar ser expuesto, sufriendo la reificación de la mirada de los habitantes de Noto. Éstos manifiestan un deseo violento, amenazante y predatorio, pero la cámara jamás asume esa violencia. Al contrario: "acaricia" el cuerpo de Monica Vitti, sin tomar posesión de él ni sexualizarlo. No es su corporeidad la que resalta (pues casi se mimetiza con la arquitectura de la plaza), sino su rostro, ventana de la dimensión emocional y humana. Para Landy (2000: 300), este desagradable episodio "subraya la investigación de la película sobre la política sexual y cómo esta sea inextricable de la investigación del cuerpo femenino".

Creyendo haber visto a Sandro y Anna bajar la escalera juntos, Claudia corre a esconderse en una tienda de pinturas. Él, que en realidad está solo, la sigue al interior del establecimiento sin entender. Es interesante observar cuántas veces se repite este motivo a lo largo del filme: el hombre sigue con la mirada el vagar de su compañera por el espacio sin saber nunca por qué camina, qué busca o a dónde se dirige. Cuando la encuentra, la joven comienza a repudiar su propio comportamiento, irritando a Sandro: "¿Te gusta decir estas cosas? ¿Por qué las dices?". Pegadas a la pared del local se distinguen estampas de santos y fotografías del Papa, que simbolizan el vestigio de una moral religiosa en decadencia. Ella solloza: "Si ahora me dices 'Claudia, te amo', yo te creo". Aunque teme enfrentarse a una afirmación del amor de tal rotundidad, en realidad la necesita, porque un amor honesto y sólido sería la única justificación posible para sustituir a Anna. Tal declaración no llega: en su lugar, Sandro razona con su habitual pragmatismo. "Nunca he visto una mujer como tú que necesite verlo todo tan claro", comenta con una media sonrisa. Este mismo reproche, que "piensan y confían demasiado en las palabras", se lo dirigía también a Anna al principio del filme (Brunette, 1998: 33). Dando por finalizada la conversación, Sandro toma a Claudia de los brazos (un ademán paternal similar al que tuvo con Anna entre las rocas de Lisca Bianca) y la empuja a continuar caminando.

Lo siguiente que vemos es a ambos en el tejado de una iglesia, contemplando una soberbia panorámica del pueblo desde las alturas.

Sandro verbaliza su fascinación por la fachada de la catedral barroca haciendo comentarios superfluos al respecto ("Qué fantasía, qué movimiento"), tal vez intentando impresionar a su acompañante. Ante la grandiosidad de la arquitectura que los rodea, Sandro expresa su nostalgia por la faceta creativa de su oficio, que abandonó por los cálculos presupuestarios (labor que le comporta dinero fácil y rápido). En palabras de Tassone (2005: 119), "tanto en el amor como en la profesión, Sandro elige la facilidad". Sin embargo, cuando Claudia le invita a no dejar de lado la posibilidad de crear sus propios proyectos, Sandro se pone inmediatamente a la defensiva: "¿Para qué sirven las cosas bellas? ¿Cuánto duran?". La belleza imperturbable de la catedral, que se yergue firme e impertérrita ante el paso del tiempo, parece burlarse de la absurdez de una pregunta como esa. Claudia se sume en un silencio apaciguador, aunque la observación no parece convencerla.

De pronto, y de forma totalmente inoportuna, Sandro le propone matrimonio. El hecho de que formule la petición justo después de hablar de sus frustraciones artísticas, refuerza la idea de que Sandro utiliza las relaciones sexoafectivas como "consuelo para el vacío de su vida profesional" (Tomasulo y McKahan, 2009: 5). Las gruesas cuerdas del campanario actúan como elementos visuales de ruptura, separando a los dos personajes, quienes deben agacharse y sortearlas constantemente para poder acercarse (minuto 1:45:14). Claudia se encuentra demasiado aturdida para dar una respuesta, pero la volubilidad de Sandro le inquieta. En Lisca Bianca, Anna sabía que el matrimonio no solucionaría los enormes problemas de entendimiento entre los dos. Claudia, por su parte, está enamorada de Sandro, pero al igual que su amiga desaparecida duda de que un enlace pudiese disipar todas las demás complicaciones. La discusión se interrumpe cuando, sin querer, la joven hace sonar una de las campanas, cuyo sonido reverbera y devuelve un eco (evocando el espejismo de una respuesta). El fenómeno asombra a Claudia, quien repite el mismo procedimiento con otras campanas, abstraída de nuevo en una dimensión lúdica, alternativa, que parece serle más amable. Es imposible obviar la ironía de que la campana, un instrumento íntimamente asociado al imaginario de las bodas, adquiera en esta escena una función de distracción frente a una pedida de matrimonio.

De vuelta en la habitación del hotel, una Claudia ufana se viste mientras bailotea al ritmo de una canción de la radio. Sandro la observa sin contagiarse de su buen humor, insistiendo en que se apresure. Falta en él la "sensibilidad" necesaria para abandonarse al juego (Tassone, 2005: 120). Hace el amago de marcharse de la habitación, pero ella se lo impide, intentando involucrarle en su diversión. Claudia se siente mimosa y reclama, en su pequeño momento festivo, el cariño de Sandro. Se recrea en un ambiente de ensoñación que le permite pedirle cosas que desea de verdad: que le diga que la necesita, que no puede vivir sin ella. Aunque lo expresa con tono risueño, en el fondo de sus palabras se esconde una necesidad urgente y real, que se destapa cuando la canción acaba y su sonrisa se desvanece. Es un instante de radical transición de lo performático a la más pura honestidad. Claudia se arrodilla ante él y, sin dejar de mirarle a los ojos, susurra: "Debes decirme que me quieres". Sandro, sentado en un taburete con aire condescendiente, responde: "Lo sabes, ¿por qué debo decírtelo?". Profundamente desilusionada, Claudia se empequeñece y se encoge todavía más, apoyándose sobre sus talones. "*Per ché*", repite ella, tal y como Anna lo hacía en una de las primeras escenas de la película. Ambas mujeres reparan, en momentos similares y con la reiteración de una misma pregunta, en el abismo insalvable que las separa de Sandro. Éste no percibe su tristeza y la deja sola en el cuarto. Ella mira cómo se va desde el suelo, inmóvil, en una postura de enorme vulnerabilidad (minuto 1:49:22). La cámara se queda unos segundos más con Claudia, en un acercamiento íntimo a su fragilidad, quien finalmente se levanta por sí sola y se encoge de hombros con resignación.

Durante su breve paseo en solitario, Sandro encuentra a dos jóvenes arquitectos que dibujan detalles de los edificios cercanos. Aprovechando su descuido, Sandro se acerca a uno de los esbozos y derrama un frasco de tinta sobre él, arruinándolo. Ni siquiera tiene la valentía de estropearlo con sus propias manos, sino que deja que sea el movimiento pendular de su llavero el que indirectamente vuelque el líquido. Siguiendo a Bonitzer (1983: 149), el gesto denota "el resentimiento de un hombre de edad madura, que no se quiere a sí mismo, contra la frescura de un aprendiz que se interesa ingenuamente por las bóvedas ornamentales". Éste último se da cuenta de lo sucedido y se encara con Sandro, quien termina por amenazarle agresivamente. Orban (2001: 16) advierte que, como hombre, Sandro "desea dominar el entorno construyéndolo y, al ser incapaz de hacerlo, destruye el trabajo de quienes aún se lo proponen".

Al reencontrarse con Claudia, a Sandro le domina una rabia profunda. De pésimo humor, la conduce de vuelta a la habitación e intenta forzarla sexualmente, no sin antes cerrar la ventana para ocultar las vistas a la catedral, un molesto recordatorio de su renuncia a la creación artística. No obstante, los postigos siguen revelando parcialmente su presencia: Sandro intenta obstruir imágenes sin éxito, pues sus complejos no le abandonan por mucho que huya en el espacio o en el tiempo. Claudia se opone a un encuentro sexual en tales circunstancias y, en su lugar, intenta convencer a Sandro de que exprese cómo se siente, pero éste se niega. Asustada por la brusquedad con que la trata, la joven dice no reconocerlo. Su rechazo empeora todavía más el humor de Sandro, quien, con una crueldad inmensa, contesta: "¿No estás contenta? Tienes una aventura nueva". La "broma" (así la llama él después) hiere profundamente a Claudia, quien se aparta unos centímetros y vuelve la cara hacia el otro lado, hecha un ovillo (minuto 1:55:24). Sandro, indiferente ante su silencio, insiste en saber por qué no está dispuesta a hacer el amor, frustrado. Cuando ella desvía la conversación hacia la búsqueda de Anna, Sandro por fin desiste en su empeño.

En la secuencia final, la pareja asiste a una lujosa fiesta de la clase alta italiana, donde se reencuentran con Patrizia. Claudia se siente visiblemente incómoda frente a los comentarios "bienintencionados" de la mujer, que parecen esconder un cierto tono acusador. Con el pretexto de ir a cambiarse de ropa, la joven consigue escabullirse con Sandro.

A solas en el cuarto, Claudia le ruega que no se entretenga demasiado con cuestiones de negocios y le recuerda que él mismo había hablado de abandonar ese gremio. Sandro responde evasivamente: es evidente que, en realidad, no tiene ninguna intención de cambiar de dedicación.

Mientras Sandro toma un baño, Claudia conversa con él pegada a su puerta (un obstáculo en la comunicación entre ambos muy elocuente). Sandro presume de haber tenido una juventud alocada, en la que conseguía vencer el sueño para trasnochar con sus amistades. Claudia, sin embargo, escucha el monólogo cada vez más somnolienta, por lo que decide quedarse durmiendo y no acompañarle al guateque. Su compañero se viste mientras sigue recordando anécdotas del pasado, reflexionando con regocijo sobre cómo el dinero cambió radicalmente su vida y sus aspiraciones, reafirmándose en una ideología liberal sobre la que Antonioni hace una crítica sutil pero mordaz (dicha temática adquirirá un mayor protagonismo en *El eclipse*). Finalmente, acude a arropar a Claudia, quien, al despedirse, le vuelve a implorar que le diga que la quiere, esta vez sin rodeos. Él lo hace sin demasiada emoción, por lo que ella le pide que lo repita, a lo que él responde: "Ya no te quiero". "Me lo merezco", murmura Claudia, quedándose de nuevo sola y con una sensación agridulce. No obstante, Sandro reaparece un momento después y rectifica: "No es verdad, te quiero", tal vez vencido por la ternura por primera vez en todo el filme. La reacción de Claudia no la vemos, pues el montaje salta directamente a la fiesta.

La cámara sigue a Sandro en su deambular por la villa, topándose en dos ocasiones con Gloria Perkins, la protagonista del escándalo de Messina. La posición voyeurística de Sandro, que sigue con fijación los movimientos de la escritora, revela un deseo erótico latente. De pronto, la cámara vuelve a la habitación en penumbra, donde una Claudia desvelada lucha contra el insomnio con todo tipo de recursos: huele la camisa de Sandro, hace muecas divertidas frente al espejo y garabatea en una revista. La oscuridad de la banda sonora que acompaña a estos momentos aparentemente triviales encarna el mal augurio del que el subconsciente de la joven no se puede desprender. Al amanecer, y sin noticias de su amante, Claudia corre a la habitación de Patrizia, angustiada por la posibilidad de que Anna haya vuelto. Su intuición le dice que están juntos de nuevo y eso la aterra: si antes temía que hubiese muerto, ahora teme que esté viva. "Todo se está haciendo muy fácil, incluso no sufrir", confiesa, con la mirada perdida. Claudia se ha integrado progresivamente en la rutina de Sandro, cuyo pragmatismo ha vencido poco a poco sus escrúpulos morales (Tassone, 2005: 119) a pesar de que su amiga sigue fuertemente presente en su pensamiento. Patrizia, cuya filosofía de vida se asemeja mucho más a la de Sandro, tilda a Claudia de melodramática.

Después de recorrer varias estancias interminables del palacio, Claudia finalmente descubre a Sandro engañándola con Gloria Perkins. Al percatarse de su presencia, Sandro se esconde en el regazo de su nueva conquista, incapaz de someterse al juicio de Claudia (minuto 2:17:24). Ella, por su parte, no consigue procesar lo que está viendo. Cuando por fin reacciona, sale corriendo del inmenso salón. Sandro aparta con un manotazo a Gloria, sacude el polvo de su chaqueta y se recoloca la corbata, asqueado no tanto de sí mismo, cuanto de la mujer a la que se entregaba hacía solo unos minutos. Antes de salir tras Claudia, deja unos billetes entre las piernas de Gloria, explicitando así la naturaleza mercantil de su encuentro. Como señalan Tomasulo y McKahan (2009: 7), para Antonioni es el dinero el principal factor que interfiere en el amor humano.

El final ambiguo de *La aventura* ha sido ampliamente discutido por los críticos a lo largo de las décadas. La secuencia transcurre de la siguiente manera: Claudia llora desconsoladamente en una plaza desierta. Unos instantes después, Sandro la alcanza y se sienta en un banco, derrumbándose. Ella lo observa y se acerca, situándose detrás de él. La mano de Claudia duda, en una singular sinécdoque del personaje (Brunette, 1998: 30), se mueve en el aire haciendo amagos, hasta posarse sobre la cabeza de su compañero. El momento de contacto es enfatizado por un acento musical. La mano, enmarcada por la oscuridad del cabello, lo acaricia repetidas veces en un ademán más maternal que romántico. Pasamos a un plano general (minuto 2:22:21) que retrata a las dos figuras, la mitad dominada por la mujer con la montaña nevada al fondo; la otra mitad correspondiente al hombre, que está sentado de cara a un muro. Así, "el encuadre evoca a un tiempo desesperación y esperanza" (Tassone, 2005: 121). Claudia le mira a él y después alza la vista al horizonte; Sandro mantiene la cabeza gacha.

Antonioni llegó a explicitar las pretensiones detrás del simbolismo de la imagen: "La relación entre los dos no sé si durará o no, pero ya es un resultado que estas dos personas no se separen, […] que la muchacha no huya del hombre, sino que siga allí y le perdone. También porque, en cierto sentido, se descubre un poco como él" (Antonioni, 2002: 71). No obstante, varios de los estudiosos citados en este trabajo contradicen esta lectura "a pesar de la 'legitimidad' que posee la intención del director" (Brunette, 1998: 22), una cuestión que hemos argumentado ampliamente en apartados anteriores. Clara Orban (2001: 16) pone en duda que Claudia permanezca junto a un hombre que la ha traicionado e interpreta el momento como una "reconquista femenina del control sobre su propia vida emocional". Según Chatman (1985: 63), la protagonista femenina "busca con honestidad una verdad profunda sobre la vida", y también es honesto el toque que le da a Sandro, pues "ella sigue buscando, incluso mientras consuela".

Puede parecer atrevido cuestionar el significado que un director ha atribuido conscientemente a una de sus obras. Sin embargo, un filme, como toda obra de arte que se precie, es un texto abierto que el espectador interpreta a su manera, no siempre en sintonía con la intención original que deseaba su autor. Citando al propio Antonioni (2002: 257), "la historia del cine la hacen las películas, no las palabras de sus autores". De cualquier modo, la representación del personaje femenino de Claudia, que hemos analizado minuciosamente en este apartado y terminaremos de perfilar en las Conclusiones, la sitúa constantemente (incluso en la composición de las imágenes) en un nivel moral muy distinto al de su compañero masculino, por lo que se nos antoja injusto y equivocado afirmar que, al final, ambos personajes se encuentran en la misma posición moral. Sí, Claudia es piadosa y tolerante, pero eso no implica que sus virtudes sean "la salvación ante la catástrofe", como plantea Tassone (2005: 121): en *La noche*, película considerada por muchos estudiosos la continuación narrativa y temática de *La aventura*, el personaje de Lidia Pontano se encarga de confirmarnos que la piedad de la mujer no es suficiente para paliar la profunda frialdad e incomprensión de su compañero.

4. CONCLUSIONES

En la Introducción del trabajo trazábamos dos líneas principales de investigación en torno a *La aventura* de Antonioni. En primer lugar, nos proponíamos identificar los recursos cinematográficos que el cineasta pone al servicio de la representación de la psicología femenina, una subjetividad que se configura de un modo radicalmente diferente a la masculina y que va más allá de lo que se puede ver o verbalizar. Para explorar esta primera vía ha sido de enorme importancia la teoría de análisis fílmico propuesta por Aumont y Marie, diseccionada en el Marco Teórico de esta disertación. Seguir esta aproximación metodológica nos ha permitido revelar aspectos de la imagen que pueden pasar desapercibidos con frecuencia y que, sin embargo, se encuentran fuertemente connotados en el filme. Una vez detectados estos elementos y desarrollada una posible lectura simbólica, en diálogo con las aportaciones de otros estudiosos como Seymour Chatman, Peter Brunette, Pascal Bonitzer o Aldo Tassone, hemos tratado de plantearnos también qué experiencia sensorial vehiculan en relación con la posición de la mujer en el mundo o, dicho de otro modo, qué afectos despiertan en el espectador más allá de lo puramente racional, en sintonía con las teorías de la visualidad háptica de Marks y la construcción corporeizada del sujeto femenino de De Lauretis. En segundo lugar, nos hemos propuesto discutir el concepto de "incomunicación" como *leitmotiv* de la trilogía y, más concretamente, de *La aventura*, tratando de explorar otro posible origen de la *malattia dei sentimenti* de la que hablaba Antonioni.

Por lo que respecta a Anna, desde la primera secuencia del filme hemos sido partícipes de la problemática relación con su padre, quien rehúsa siquiera mirarla mientras discuten, y cómo esta frustración se extiende también a su vínculo sentimental con Sandro. La cámara no se consigue acompasar nunca con Anna, pues su cuerpo no deja de moverse buscando un espacio propio, a salvo del duro juicio de su progenitor. Ya en el primer trayecto en automóvil hacia Roma, apreciábamos cómo Claudia disfrutaba del suave viento que le acariciaba la mano, primero de muchos signos sobre la sensibilidad especial que proyecta en su entorno y que la distingue de los demás personajes. Al llegar a la plaza, Anna parecía por fin conseguir una oportunidad para expresarse, en un plano medio fijo y exclusivo para ella, escuchada por Claudia desde un discreto fuera de campo. Ese momento de pequeña emancipación, que podía dar pie a un monólogo liberador, se rompe con la incursión de Sandro desde la ventana, una posición superior en el plano que simboliza su poder en la relación. Por tanto, no es Claudia quien coarta la autonomía de su amiga: es su pareja quien la opaca y la empequeñece desde su primera aparición. Esta interpretación se deriva de cualidades puramente ligadas a la materia fílmica: la escasez de planos en los que solo aparece encuadrada Anna, su brevísima duración en el tiempo, el gesto crispado de la intérprete y la constante aparición de una figura masculina que invade su plano, situándose por encima o por delante en la composición. Solo en los efímeros momentos de intimidad con Claudia, Anna parece estar algo más cerca de resolver algunas incógnitas sobre su propia desazón, aunque esos intentos siempre terminan frustrados.

Nos detuvimos especialmente en la secuencia del apartamento romano de Sandro, ya que, a partir de las reflexiones de Teresa de Lauretis y de Catharine MacKinnon, nos percatamos de que la manera en la que se desarrollan las relaciones heterosexuales tiene un particular impacto en la construcción del sujeto femenino, en tanto que es en el cuerpo donde se produce este aprendizaje ininterrumpido. Nuestro análisis nos reveló una constante que se mantiene a lo largo de todo el filme en este tipo de escenas: la elección de un primer plano fijo centrado en las facciones de la mujer, en este caso, Anna. Su extensión en el tiempo y el grado de intimidad que emana evidencian la voluntad del cineasta por transmitir la vivencia de un modo carnal, físico. Esta elección formal implica que la mujer ya no es representada como el objeto del deseo masculino, sino como un sujeto que percibe este encuentro sexual de una forma diferente a la de su amante. La experiencia afectiva, situada en una encrucijada de los sentidos, es la que Antonioni busca, si no comprender en un sentido racional, al menos plasmar en su atractiva complejidad. Por otra parte, el montaje alterno que nos permite seguir a Claudia mientras trata de amenizar su propia espera lo interpretamos no tanto como una contraposición del entusiasmo de una mujer frente a la frialdad de la otra (como sugería Luciana Bohne), sino más bien como una proyección: al seguir el camino de Anna, Claudia perderá progresivamente su ilusión, drenada poco a poco por su nueva relación sentimental.

La secuencia en el yate nos conducía a reafirmar algunas de las intuiciones de las primeras escenas y a matizarlas. Anna busca medios por los que mantenerse próxima a Sandro, pero todo esfuerzo resulta inútil: la atención de su compañero es demasiado escurridiza, salta de banalidad en banalidad sin llegar en ningún momento a detenerse en ella durante el tiempo suficiente para comprenderla. Es por ese motivo que la joven inventa un peligro (el del tiburón) que obligue a Sandro a reaccionar. Sin embargo, el efecto de alarma es muy efímero y el problema de base, el desapego de su amante, permanece. Es entonces cuando Anna tiene una segunda y última oportunidad de hablar con Claudia a solas antes de su desaparición. El personaje de Monica Vitti desentraña con perspicacia las actitudes aparentemente "incomprensibles" de Anna, pero tal vez por ingenuidad o por el optimismo disperso de su carácter no le concede demasiada importancia a lo ocurrido. El espectador y la propia Claudia se contentarán, por el momento, con atribuirlo a un impulso infantil de Anna. No obstante, Claudia comprenderá de primera mano, hacia el final de la cinta, que estos juegos pueriles responden, en realidad, a necesidades verdaderas y urgentes que los humanos no nos atrevemos a confesar de otro modo. Ella misma recurrirá a esta estrategia en la habitación del hotel en Noto, bailando con aspavientos y muecas dramatizadas al ritmo de una canción romántica, anhelando una muestra de ternura por parte de Sandro.

Hasta este punto del metraje, Anna ha intentado establecer contacto emocional con Sandro de forma no del todo explícita, recurriendo a conductas que podrían considerarse ilícitas, inmaduras o sencillamente antipáticas. Sería faltar a la verdad decir que no ha expresado su malestar, que no lo ha *comunicado*, aunque sí que podríamos admitir que no ha sido capaz de ponerlo eficazmente en palabras (como tampoco ha podido conquistar un espacio propio en el cual hacerlo). En cambio, en la última secuencia antes de la desaparición del personaje, esta tendencia se subvierte: la joven hace el intento de confrontarse con Sandro y poner sobre la mesa las crudas verdades sobre su relación sin titubeos, interpelándole con firmeza. Las declaraciones de Anna son devastadoras, pero no producen (como cabría esperar) efecto alguno en su interlocutor. De nuevo, Antonioni pone en escena una coreografía articulada entre los dos personajes, cuya diferencia de alturas y de seguridad en el terreno irregular de la isla es tremendamente elocuente sobre las dinámicas de poder en juego durante la secuencia. Además, los dos saltos de eje que efectúa la cámara contribuyen a esta percepción sensorial de aturdimiento, dificultando la orientación espacial del espectador. La discusión de la pareja, que Sandro decide dejar inconclusa al tumbarse para dormir entre las rocas, es a nuestro juicio una corroboración de que no existe tal "incapacidad endémica por parte de la mujer para comunicarse" (Chatman, 1985: 60). En su lugar, encontramos, en línea con la segunda hipótesis principal de esta investigación, una ineptitud o una falta absoluta de predisposición por la parte masculina de comprender aquello que se le comunica. Si bien podemos concordar con Seymour Chatman (1985: 61) cuando afirmaba que los personajes desconocen sus propios deseos u objetivos vitales, sostenemos que Anna sí que sabe con certeza (y esto ya es mucho) el camino que no quiere seguir, la vida que no quiere vivir. Esta idea conecta con la primera secuencia del filme, durante la conversación con su padre, cuando la joven le recuerda que, hasta el momento, ha sido ella quien ha rehusado casarse con Sandro y no al revés. Es posible que Anna no lograse encontrar el modo de ser feliz en sus circunstancias opresivas y se viese obligada a desaparecer definitivamente como única salida. Sin embargo, en el acto de desvanecerse también hay implícita una renuncia a continuar siendo desdichada junto a Sandro. Anna podría haberse suicidado, pero también podría haberse emancipado, en cierta manera, huyendo sola a un lugar donde no puedan encontrarla.

Por lo que respecta a Claudia, ella asume el papel de brújula moral en el grupo de viajeros desde el primer día de búsqueda. La exploración por la isla monopoliza largos minutos de metraje y, aunque no queda rastro de Anna, su ausencia vibra en cada plano "negando la noción generalizada de que todo cuanto existe es todo cuanto es visible" (Brunette, 1998: 30). En palabras de Pascal Bonitzer (1983: 150), el vacío de Antonioni está acechado por la presencia o, como diría Benedetti, el olvido está lleno de memoria[20]. El personaje de Lea Massari estará presente en todo momento en la mente de Claudia, al principio como una amiga perdida, después como una amenaza latente. El vínculo estrecho que existía entre las dos se materializa en la camisa que Anna le cedió, como si la prenda fuese un símbolo tangible de ese "traspaso del testigo" de una mujer a otra, pero también de la conexión de dos experiencias femeninas más allá de lo que es posible ver con los ojos. Mediante el olfato, Claudia evoca a Anna al principio de la película y a Sandro en una de las últimas secuencias. Pareciera que el olor de la persona añorada le permitiese establecer una unión íntima con ella a través del espacio y del tiempo (como la magdalena de Proust transportaba al autor, con insospechada nitidez, a los días de infancia[21]). Recuperando la reflexión de Bonitzer (1983: 148), la desaparición de Anna "abre una herida en el corazón de los personajes [en el de Claudia, puntualizaríamos], cuya tragedia a partir de aquel momento no es la de encontrar o perder definitivamente a la persona desaparecida [...], sino la de no lograr reunir sus propios pedazos".

---

[20] Alusión al título del poemario *El olvido está lleno de memoria* (1955) del poeta uruguayo Mario Benedetti.
[21] Alusión a uno de los episodios más famosos relatados por Marcel Proust en *Por el camino de Swann* (1913), primer tomo de *En busca del tiempo perdido*.

Hemos hecho hincapié a lo largo de nuestra disertación en la diferencia de posicionamiento ético entre Claudia y Sandro porque nos parece una cuestión esencial de la película, a pesar de que Antonioni insinuase a posteriori que estos dos personajes podrían asemejarse más de lo que podría parecer en un principio. La sensación que tuvimos durante toda la cinta (y que confirmamos visionado tras visionado) era que solo Claudia mantenía el hilo, por débil que fuese en ocasiones, que la unía a Anna, quien hubiera sido inmediatamente olvidada por su novio de no ser por la insistencia desesperada de Claudia. Esta última se aferra a la posibilidad de un amor correspondido y sincero como única salvación ante lo imperdonable. Sandro, en cambio, encarna el cinismo y la violencia patriarcal tanto como cualquier otro personaje masculino de *La aventura*, pues la diferencia de clases entre unos hombres y otros no afecta en este sentido. Antonioni expone cómo el deseo sexual agresivo e intimidante es común tanto a los obreros como a los aristócratas, la única diferencia radica en la galantería impostada o el falso recato con los que los segundos procuran encubrirlo. Prueba de ello es la imagen de Sandro completamente camuflado entre la multitud de Messina, sin ningún atributo que le diferencie (y, de esta forma, le otorgue algo de dignidad) entre los demás varones. Claudia, en consonancia con la filosofía de Antonioni, no condena ni desaprueba la vivencia de la sexualidad propia. No obstante, y como es lógico, solo consiente participar de ella en un entorno seguro y amable, de mutuo acuerdo. Es por este motivo que espera sin reparos a Anna paseándose por la plaza romana, pero forcejea con Sandro cuando posteriormente éste pretende tomarla por la fuerza, preso de la rabia. Cada vez que uno de los personajes (Sandro, Corrado, el boticario de Troina) actúa de forma despiadada hacia su correspondiente pareja, la cámara permanece durante unos segundos con la víctima del desprecio, haciéndose cargo del dolor de la humillación. Por una parte, Antonioni pone de manifiesto "la futilidad de la mera pasión física o del 'amor libre'" que rige los impulsos de Sandro; por otra, describe "la amalgama de presiones morales anticuadas, pasiones personales y afán de lucro económico que conspiran para constreñir la naturaleza humana" (Tomasulo y McKahan, 2009: 19). Es importante hacer esta distinción, pues el director no se adhiere en forma alguna al puritanismo católico ni a doctrinas moralistas al efectuar su crítica.

Consideramos, en conclusión, que la puesta en escena en *La aventura* es cómplice con la posición de alteridad de la mujer en lo explícito y especialmente en lo implícito, y que el dispositivo cinematográfico antonioniano representa los constantes peligros y hostigamientos que sufre el cuerpo femenino sin participar de ellos. El hecho de que el mal presagio que se cierne sobre Claudia al final de la película se confirme como cierto (pues, efectivamente, Sandro resulta no ser digno de su confianza), no hace más que darle credibilidad a la actitud recelosa femenina (también de Anna), que hasta ahora podría haber sido tachada de neurótica o hipersensible. Retomando la segunda hipótesis del trabajo, ratificamos que la enfermedad crónica de los sentimientos no reside en la incapacidad de comunicación femenina, sino en la falta de escucha activa masculina. No se puede sostener que los personajes femeninos no consiguen comunicarse cuando exploran varias vías para hacerlo (la confrontación directa, el juego distendido, el lenguaje verbal y no verbal, la expresión corporal) en múltiples ocasiones, a las que Sandro responde sistemáticamente negándose a dar un nombre a los conflictos, poniendo en cuestionamiento displicentemente la necesidad que manifiestan sus compañeras sentimentales de reflexionar sobre el amor.

En cuanto al otro objetivo general de nuestra investigación, el de hacer patentes los medios concretos por los que se han construido estas dos identidades tan complejas e inabarcables, las de Anna y Claudia, esperamos que nuestras apreciaciones hayan arrojado luz sobre cómo las imágenes apelan a esta encrucijada de experiencias que atraviesan el cuerpo del sujeto femenino. Este estudio tiene, a nuestro parecer, dos posibles continuaciones: la primera, aplicar esta misma metodología a las otras dos películas de la trilogía, *La noche* y *El eclipse* (e incluso a *El desierto rojo*, que algunos teóricos como Chatman consideran una cuarta parte de la *tetralogía*), las cuales pueden ofrecer un diálogo muy fructífero y estimulante con los motivos aquí expuestos y pueden ayudar, en cierto modo, a completar la discusión a partir de los parecidos y las diferencias que presentan. Así, se podrían seguir los vestigios de Claudia en Valentina y Vittoria, ya que son interpretadas por la misma actriz, y contraponerlas al otro personaje femenino principal, la Lidia Pontano de Jeanne Moreau. El segundo camino por seguir sería el de ampliar el objeto de la investigación deteniéndose sobre los personajes femeninos secundarios y sus relaciones, que aquí han quedado relegados a un segundo plano por las limitaciones de espacio, para ahondar en la visión del cineasta italiano sobre la amistad femenina.

REFERENCIAS BIBLIOGRÁFICAS

Antonioni, M. (2002). *Para mí, hacer una película es vivir.* Paidós.

Aumont, J., & Marie, M. (1990). *Análisis del film.* Paidós.

Bertetto, P. (2006). *Metodologie di analisi del film.* Editori Laterza.

Bohne, L. (1984). The Discourse of Narcissism in "L'Avventura". *Film Criticism, 9*(1), 17-24.

Bonitzer, P. (1983). Il concetto di scomparsa en G. Tinazzi (Ed.), *Michelangelo Antonioni: Identificazione di un autore. Forma e racconto nel cinema di Antonioni,* 147-151.

Brunette, P. (1998). *The films of Michelangelo Antonioni.* Cambridge University Press.

Cameron, I. & Wood, R. (1969). *Antonioni.* Praeger.

Casetti, F. (1994). *Teorías del cine 1945-1990.* Cátedra.

Chatman, S., Antonioni, M. (1997). Antonioni in 1980: An Interview. *Film Quarterly,* 51(1), 2-10.

Chatman, S. (1985). *Antonioni, or, The Surface of the World.* University of California Press.

Cottino-Jones, M. (1996). Monica Vitti: The Image and the Word en M. O. Marotti (Ed.), *Italian Women Writers from the Renaissance to the Present: Revisiting the Canon,* 237-257. Pennsylvania State University Press.

Cuccu, L. (1973). *La visione come problema: Forme e svolgimento del cinema di Antonioni.* Bulzoni.

De Lauretis, T. (1984). *Alice doesn't: Feminism, semiotics, cinema.* Indiana University Press.

Deleuze, G. (1987). *La Imagen-tiempo. Estudios sobre cine 2.* Paidós.

Font, D. (2003). *Michelangelo Antonioni.* Cátedra.

Haraway, D. J. (1995). *Ciencia,* cyborgs *y mujeres: la reinvención de la naturaleza*. Cátedra.

Kolker, R. (1983). *The Altering Eye: Contemporary International Cinema*. Oxford University Press.

Landy, M. (2000). *Italian Film*. Cambridge University Press.

Llera, J. A. (2012). Vidas mal habitadas. (Acerca de *La notte*, de Michelangelo Antonioni). *Versión Original: Revista de cine*, 200(1), 66-67.

Marks, L. U. (2000). *The Skin of the Film: Intercultural Cinema, Embodiment, and the Senses*. Duke University Press.

Melendo Cruz, A. (2006). *Antonioni: un compromiso ético y estético [De* Crónica de un amor *(1950) a* El desierto rojo *(1964)]* [Tesis de doctorado, Universidad de Córdoba].

Mulvey, L. (1975). Visual Pleasure and Narrative Cinema en M. Merck (Ed.), *The Sexual Subject. A Screen Reader in Sexuality*, 22-35). Screen.

Orban, C. (2001). Antonioni's Women, Lost in the City. *Modern Language Studies*, 31(2), 11-27.

Pravadelli, V. (2008). Cinema e studi di genere en A. L. Tota (Ed.), *Gender e media. Verso un immaginario sostenibile*, 145-167.

Saporito, P. (2021). New Materialism, Female Bodies and Ethics in Antonioni's *L'avventura, La notte* and *L'eclisse. Posthumanism in Italian Literature and Film*, 275-293. Sidorna.

Tassone, Aldo. (2005). *Los Films de Michelangelo Antonioni: Un poeta de la visión*. Fluir Ediciones.

Tomasulo, F. P., McKahan, J. G. (2009). "Sick Eros": The sexual politics of Antonioni's trilogy. *Projections: The Journal for Movies and Mind*, 3(1), 1-23.

REFERENCIAS AUDIOVISUALES

Antonioni, M. (Director). (1955). *Le amiche* [Las amigas] [Película]. Titanus; Trionfalcine.

(Director). (1957). *Il grido* [El grito] [Película]. SpA Cinematografica; Robert Alexander Productions.

(Director). (1960). *L'avventura* [La aventura] [Película]. Cino del Duca; Produzioni Cinematografiche Europee; Societé Cinématographique Lyre.

(Director). (1961). *La notte* [La noche] [Película]. Nepi Film; Sofitedip; Silver Films.

(Director). (1962). *L'eclisse* [El eclipse] [Película]. Cineriz; Interopa Film; Paris Film.

De Sica, V. (Director). (1948). *Ladri di biciclette* [Ladrón de bicicletas] [Película]. Produzioni De Sica.

Published
in November
2024

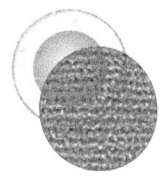

Faber & Sapiens